対話力がグングン高まる！

コミュニケーション・ケーション・トレーニング

橋本 慎也 著

JN039346

明治図書

まえがき

　皆さんは，「社会人基礎力」というものをご存じでしょうか。「職場や地域社会で活躍し続ける上で必要な基礎的な力」として経済産業省が2006年に提唱し，2017年に「人生100年時代の社会人基礎力」として新たに定義されています。そこには，3つの能力と12の能力要素が示されています。

```
前に踏み出す力…主体性，働きかけ力，実行力
考え抜く力　　…課題発見力，計画力，創造力
チームで働く力…発信力，傾聴力，柔軟性，情況把握力，規律性，
　　　　　　　　ストレスコントロール力
```

　文部科学省が示す「主体的・対話的で深い学び」と重なる部分も多いかと思います。そして，企業が学生に求める能力としては，長年「コミュニケーション力」がトップに来ています。学校教育の中で，コミュニケーション力を育てていくことが重要であることが分かります。

　さらに，今後の社会の変化を考えると，チームで働く機会の増加，コミュニケーションツールの発達によるコミュニケーションの機会の変化，外国の人との交流の増加などから，さらにコミュニケーション力の重要性は増すように思われます。

　しかし今回，本書を執筆するに際してコミュニケーション力の情報を集めましたが，教育関係の本は非常に少ないことに驚きました。学校教育の中で，いかにコミュニケーションの指導がなされてこなかったかを感じました。

　これまで国語関係で，対話やスピーチの指導の本はありました。私は若い頃に，何回か見に行った元静岡市立安東小学校の築地久子先生や元藤枝市立高洲南小学校の鈴木恵子先生の授業に憧れ，そのような学級を目指して，子供たちが対話力を身につけられるように授業づくりを勉強しました。村松賢一氏，高橋俊三氏などの本や，ディベートの本も読みました。総合的な学習

の時間も始まり，総合的学習を支え活かす国語科という視点での，堀裕嗣氏を中心とした研究集団ことのはの本も読みました。そして菊池省三氏と出会い，対話も含めたコミュニケーションの指導に目を向けるようになりました。対話を支える「話す」「聞く」の基礎技能，そして非言語の指導や心を育てる取り組み，対話力が育つ学級づくりなども意識するようになりました。

　これまでの自分の「話す」「聞く」「話し合う」の指導がコミュニケーション力の向上になかなか結び付かなかった理由には，コミュニケーション力についての自分の理解が浅かったことがあります。

　第1章では，コミュニケーション力とは何かを自分なりに明確にし，支える「10の力」としてまとめました。10の力について詳しく知ることで，コミュニケーション力を育てるヒントが見えてくるかと思います。

　第2章では，コミュニケーション力を支える「聞き方・話し方」指導のアイデアを書きました。コミュニケーション力の基礎的技能である「話す」「聞く」指導のポイントと実際に使える指導アイデアを載せました。

　第3章では，対話力を高めるためのコミュニケーション・トレーニングを紹介しました。コミュニケーション力をつけていくためには，子供たちが意欲的に取り組めるように，楽しくて繰り返し行えるような工夫が必要になります。ゲーム化したり，授業の中で友達と一緒に楽しく取り組んだりできるようなアイデアを考えました。また，ICTの活用や協同学習，思考ツールの活用も取り入れました。

　第2章，第3章の中には，技術や能力を習得するトレーニングもあれば，身につけた技術や能力を活用するトレーニングもあります。ぜひこれらを計画的に行ってみてください。参考に，カリキュラムの作成例も載せています。習得した技術や能力を他教科や日常の生活とつなぐ工夫をすることで，確かなコミュニケーション力がつくことを願っています。

　2021年1月

橋本　慎也

CONTENTS

Chapter 1
コミュニケーション力を支える 10の力

Chapter 2
コミュニケーション力を育てるための「聞き方・話し方」の指導アイデア

Chapter 3
学年別
コミュニケーション・トレーニング45

低学年

Chapter 1

コミュニケーション力を支える

10 の力

コミュニケーション力とは何か

コミュニケーションとは

　私が，ずっと以前にコミュニケーションについて勉強していた時に出会ったのが，齋藤孝氏の『コミュニケーション力』（岩波新書，2004）という本です。その中で，コミュニケーションとは次のように書かれていました。

> コミュニケーションとは，意味や感情をやりとりする行為である

　これは，コミュニケーションについて様々考えていた私にストンと落ちました。情報を伝達するだけでなく，お互いの感情を理解することで信頼関係が築かれ，人とうまくつながれるのです。コミュニケーション力とは，意味を的確につかみ，感情を理解し合う力と言えます。

コミュニケーションにおける対話の位置づけ

　コミュニケーションは大きく三段階に分けられます。伝えたい意図があり，相手にそれを受け止め，理解してもらうことを意識する「会話」。何らかのゴールを意識し，意見や考えが異なり対立する際に，正当性や妥当性を裏付けるように話をする「議論」。異なる立場や価値観を持つ他者と互いに理解を深め合う「対話」。この「他者との違い」を前提とした「対話力」こそ，これからの共生の時代に必要な双方向型の話し合い能力です。数あるコミュニケーション形態の中でも「対話」は子供たちにとって最も身近な形態です。日常生活の中で，子供たちは様々な対話を経験しています。しかし，その中身は単語の羅列だけであったり，単なるおしゃべりであったりということが多いです。1つの話題で一定時間楽しく対話する力を，将来を見据え，子供たちに身につけさせたいところです。

なぜコミュニケーション・トレーニングなのか

　コミュニケーション能力は，日常生活で自然に身につくものではありません。スキルの実践を積み重ねることで，方法を覚え，自然に使えるようになり，どんどん洗練されていきます。新しいスキルを学んだら，次のようなステップに沿って練習をしていきます。

・1度に1つのテーマ（スキル）に絞る
・あらゆるコミュニケーションの中で徹底して使う
・自然にできるようになったら，次のテーマ（スキル）を実践していく

　コミュニケーションとは，意味や感情をやりとりする行為であることから，ただコミュニケーションの知識や技能を学べばいいのではありません。相手と人間関係を作りながら，様々な場で使う練習をして定着を図らなければ身につきません。

　第3章のトレーニングは，習得のトレーニング，習得した知識やスキルを活用し定着を図るトレーニングなどに分かれます。そして，トレーニングをしながら，感情の部分である行動力や人間性の涵養を図っていきます。また，第2章の「聞き方・話し方」のスキルがそれを支えます。さらに，対話するためには表現する語彙を多く持っていることも大事です。コミュニケーションとは別に，読書を行ったり，辞書引きをしたり，教師が使わせたりしていきます。対話力をつけた子供たちは自分に自信を持てるようになります。対話が生活の中で活かされる指導を意識していきます。

コミュニケーション・トレーニング

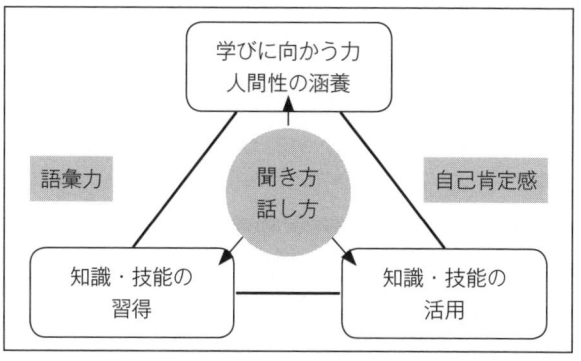

コミュニケーション力を支える 10の力

10の力の育成でコミュニケーション力を高める

　コミュニケーション力とは，意味を的確につかみ，感情を理解し合う力と言えます。コミュニケーションは，お互いの信頼関係が成り立ってこそ上手くいきます。相手を思いやる気持ちはもちろん，自己を肯定し尊重する気持ちも大事になります。また，相手との心の距離を近づけるには称賛力や非言語力が有効です。相手が伝えたい意味を的確につかむには，傾聴力，質問力，要約力が必要になります。自分の思いを的確に伝えるには，文脈力，即興力，語彙力が必要になります。学校生活においてコミュニケーション力を高めるには，日常の生活でこれらの力を意識して，活用する経験を多く行うことが大切です。3章の各トレーニングには，これらの「10の力」との関連も示しています。実態に応じてつけたい力を選び，ぜひ実践してみてください。

コミュニケーション力を支える10の力
①思いやり力
②自己肯定力
③文脈力
④要約力
⑤傾聴力
⑥質問力
⑦即興力
⑧称賛力
⑨非言語力
⑩語彙力

① 思いやり力

相手を思いやる気持ちがなければ

　話し方はとても上手で分かりやすくても，相手との信頼関係ができていなかったために，話を受け入れられなかったということはありませんか？　逆に，伝え方は上手ではないけれど，一生懸命自分のことを思って伝えてくれることで，心に響くこともあります。菊池省三氏は，コミュニケーション力について，次のような公式を述べられています。

コミュニケーション力＝（内容＋声＋態度＋α）×相手軸

　つまり，いくら内容や声，態度がよくても，相手の立場に立って考えることが「0」なら，コミュニケーション力は「0」になってしまうわけです。

相手のどんなことに関心を向けるか

　人は自分のことを分かってくれている人，理解してくれる人に好感，信頼を寄せます。では，相手のどんなところに関心を向ければいいのでしょうか。

・相手から自分が学べることは何かに意識を向けてみる
・相手に対して自分が役立つことは何かに意識を向けてみる
・相手と自分との違いを発見してみる
・相手と自分との共通点を発見してみる

　そのために，学級経営の中で，お互いのことをまずよく知るということ，友達のよさに目を向けること，みんな違ってみんないいということを伝え，実感できる様々な取り組みを行います。その際，バーバル（言語）表現だけでなく，ノンバーバル（非言語）表現のスキルも有効です。ぜひ活用していきましょう。

② 自己肯定力

ありのままの自分を受け入れ尊重しよう

　自己肯定力とは、「ありのままの自分を受け入れ、尊重する力」です。自己肯定力の高い人は、自然と問題解決のアイデアが生まれ、すぐに行動に移すことができます。コミュニケーションスキルは自然に身につくのではなく、積極的に実践を積み重ねなければなりません。たとえ失敗しても、その失敗した自分を受け入れ、改善点を見つけ建設的な努力ができることが大事です。

　また、コミュニケーションが深まっている時は、相手とだけでなく、自分自身とも対話をしています。自分自身に向き合う際に自信がなければ、よいアイデアは生まれません。コミュニケーションスキルのトレーニングと同時に、自己肯定力を高めるような活動もしていくと効果的です。

自己肯定力を高める方法

(1)小さなことでも自分をほめる
(2)他人との比較を辞める
(3)自分にも強みがあると知る

　自己肯定力を高めるためには、人からほめてもらう経験が非常に効果的です。また、比較する対象を「他人」から「過去の自分」に変えてみます。そうすれば、他人との比較を辞められるだけでなく、自分の成長に気付いて達成感を得られます。私は、子供に定期的に自分の成長を「成長ノート」として書かせ、自分の成長に目を向けられるようにしています。どんな人にでもその人ならではの「強み」が必ずあります。リフレーミングで気分や感情を変えることも有効ですし、スモールウィン（小さな成功）で確かな自信を作っていくことも必要でしょう。

③ 文脈力

文脈力とは

　「文脈力」というのは齋藤孝氏の造語で，"文脈を的確につかまえる力"のことです。会話によるコミュニケーションの場合は，話の内容が散らばり，話題があちこちに飛んでしまいがちです。相手の経験世界と自分の経験世界を組み合わせ，1つの文章をつくり上げていくことで，次の展開が生まれるのが会話です。それこそが，まさに「文脈力」だということです。

　齋藤孝（2004）によると，会話における文脈は2種あるそうです。1つは，その人の言っていることに一貫性があるかどうか。もう1つは，お互いの発言がきちんと噛み合っているかどうかです。また，この2つは深く関連しているといいます。なぜなら，話している当人の言っていることが支離滅裂では，お互いの会話が噛み合うはずがないからです。会話はもちろん対話においても，話の文脈をしっかり読んで，外れず少しずらす力が大事になります。

文脈をつかむには相手を理解すること

　齋藤孝（2017）は，空気が読める，すなわち場の文脈をつかめるとは，2つの力が働いている状態であると述べています。1つは「状況を感知する力」，もう1つは「相手を理解しようとする力」です。

　「状況を感知する力」とは，例えば，病院の待合室で会った時に，場所の状況を把握して，自分はどのように振る舞えばいいのかを理解することです。「相手を理解する力」とはその人がどんな人なのかを理解することです。言いたいことをズバリと言う人なのか，遠回しに言う人なのかなど，その人に応じて対話をしていきます。この「理解する力」がとても大切です。だから，相手をよく観察し，質問し，どんな人なのかを理解して，思いやって話すことが大事になるわけです。

④ 要約力

要約力はなぜ必要か

　必要ない情報をダラダラとしゃべってしまう人や，友達と話をしていても「で，何が言いたいの？」とよく言われてしまう人は周りにいませんか。メディアが発達し，コミュニケーションの量も質も変わってきている現代は，より正確さとスピードが求められています。そこで必要なのが「要約力」です。いかに確実に，いかに早く必要なことを伝えられるかが問われます。齋藤孝（2004）は，コミュニケーションの基本は「沿いつつずらす」ことであると言います。相手の話を聞きながら同方向に移動し，その２人が勢いを同じくしたところで方向性を少しずらす，ということです。ずらすためには，その相手の言っていることを的確に把握するための要約力が大事なのです。

要約力をつけるための手立て

　要約力をつけるには，必要な情報と要らない情報の見極めや，言葉の優先順位のつけ方が重要です。まずは文章を読み解く「読解力」，そして文字数調整のために単語を別の言葉に言い換える「言い換え力」や，適切に表現するための「語彙力」も必要になります。要約力をつける方法については，様々な本も出されています。例えば，新聞の社説を読んで100字程度にまとめる方法，新聞の長い記事の内容を読んで要約し，後でリード文と比べる方法などもあります。学校では，まずは国語の学習で読解力や語彙力を確実につけていくことが一番効率的です。また，漫然と学習するのではなく，今の学習でどんな力がつき，どう生活に役立つのかを子供に意識させておきます。さらに，授業で学んだことを終末に書かせたり話させたりする，教材がどんな話だったか誰かに話をさせてみる，発言を「つまり」「要するに」と言い換えさせてみるなど，計画的・継続的に行っていくとよいでしょう。

⑤ 傾聴力

まず相手の話をきちんと聞くこと

　まず相手の話をきちんと聞くことが，コミュニケーション力を上げるための基本です。傾聴は，相手の話を聞く姿勢であり，相手の話を引き出していくスキルでもあります。具体的には相手の話を聞く時に，以下のような反応を示しながら，相手に話しやすい状況を作っていきます。

・うなずき・あいづちで相手の話を促す
・相手の話を最後まで聞く（途中で遮らない）
・体の向きや目線を合わせる
・表情やジェスチャーなどを合わせる（ミラーリング，バックトラッキング）
・共感を示して聞く

　傾聴でもっとも大事なことは，相手や相手の話を尊重することです。

相手軸に立って考えられること

　「傾聴」という言葉は，アメリカの心理学者カール・ロジャーズのカウンセリング理論から生まれたそうです。ロジャーズは傾聴力を発揮するための3原則（自己一致，共感的理解，無条件の肯定的配慮）を示しています。そこから考えると，傾聴するためには，相手のあるがままを全て肯定的に受け入れること，相手の立場であたかも自分事のように感じることなどが大切なようです。つまり，上に挙げたような傾聴のスキルを学ぶことも大切ですが，学級経営の中で友達のことを肯定的に受け入れる態度，相手軸に立って考えることができる習慣をつけていくことが元になります。授業中の話の聞き方も，しっかりと相手軸を意識させる指導をしていきたいものです。

⑥ 質問力

質問の大きな役割は2つ

　質問力とは,「分からないところや疑わしい点について問いただす力」のことです。質問には,コミュニケーション,問題解決の2つの役割があります。日常会話での質問の目的は主にコミュニケーションです。質問をすることで,相手に共感を示したり相手を理解したりすることができ,信頼関係を深めることができます。また,「質問」には「自分にする質問」と「相手にする質問」の2種類があります。人は1日に約2万回以上,自分に質問を投げかけているそうです。実は自分にしている質問は多いのです。自分にする質問の量と質が自分を高めるのに大事なので,自分への質問も意識しましょう。

日々の生活で質問力を鍛える

　日々の仕事や生活の中で質問力をトレーニングするためには,次のような点を意識しておくといいでしょう。

---
(1)常に物事に疑問を感じる
(2)積極的に質問する機会をつくる
(3)自分を客観的に見る

　おかしなことでも,当たり前に思ってしまって疑問を感じないこともあります。また日本人は,批判的思考力が弱いという調査もあります。子供にも言いますが,常に「なぜ?」と思うことが大切です。また,自分への問いかけ,人への問いかけをする癖をつけ,経験を積みましょう。質問するのは恥ずかしいことではないことを子供にも伝えます。現在の自分を客観視して「本当は何がしたいか」「どんな点が不満なのか」など,素直な思いを改めて確認してみましょう。

⑦ 即興力

　即興とは，型にとらわれず，その場で自由に思うままに作り上げることです。インプロヴァイゼーション（インプロ），アドリブとも言います。ただし，アドリブはインプロと区別する場合もあります。インプロはもともと俳優のトレーニングとして開発されたものですが，現在では教育のツールとしても活用されています。人前で発表したり話し合ったりする際に，事前に準備はしておきますが，本番では準備していたことに固執せず，その相手や状況に合わせて話をしたり，話の流れに合わせて話したりすることが大事です。また，急にその場に応じて話をしなければならない場合もあります。相手や状況をよく観察することが必要になりますし，p.15で紹介した文脈力が必要になります。相手の話を要約して話の流れをつかみ，それに合わせて柔軟に話を進めていきます。新学習指導要領の中学校外国語科では，「発表」の重点が「即興」にシフトし，目標が「暗唱」ではなく「即興で話す」力の育成になりました。実際のコミュニケーションの場面では，情報や考えを即座にやりとりすることが多いからです。即興力はこれから必要とされる力です。

相手のどんなことに関心を向けるか

　「即興力」は持って生まれた才能ではなく，技術であり，きちんとした方法でトレーニングをすれば磨くことができます。手っ取り早いトレーニング方法は，日常で発表を引き受けて行ったり，進んで考えを発表したりと，実際にやってみることです。ぜひ，自分で進んでそういった場を作り挑戦していくようにしましょう。工夫すれば他にも方法はあります。仲間同士で集まって，即興の練習をしたり，他の人のパフォーマンスを見て引き出しを増やしたりすることもとても重要です。

⑧ 称賛力

ほめることでお互いの信頼関係を深める

　コミュニケーションをとる上で重要なのは，お互いの信頼関係です。どんな人でも，ほめてもらうとほめてくれた人にいい感情を抱きます。また，ほめた本人も気持ちがよくなるという作用もあるそうです。ほめることがたくさん行われることで，お互いの感情の行き来がスムーズになります。ほめたりほめられたりすることで，自己肯定感が育まれます。

称賛力のトレーニング法

(1)語彙力を高める　　(2)結果でなく努力した過程や気持ちを見る
(3)リフレーミング　　(4)１日に何人かほめる時間を作る

　「ほめる」というのは，意外と難しいものです。また，なかなかほめるところが見つからない，という人もいます。そこで，ほめる力を身に付けるために，「１日に何人かずつ，ほめる時間を無理に作る」ということに取り組むとよいでしょう。「今日はこの人を」と最初から決めておいて，しっかりとその人を観察し，できるだけ具体的な努力の過程を見つけます。いわゆる「ほめ言葉のシャワー」がこのやり方です。「ほめ言葉のシャワー」を行うことで，クラスの人間関係が柔らかくなり，お互いの感情の行き来がスムーズになります。

　また，相手に対する自分の解釈をちょっと変えるテクニックであるリフレーミングを身につけるとよいです。１つの視点でなく，多面的な視点で見ていきます。相手の短所をリフレーミングで長所に変えてみましょう。例えば，うるさい→元気がいい，いいかげん→こだわらない，がんこ→自分らしさをもっている，消極的→慎重，せっかち→決断力がある，などです。

⑨ 非言語力

言語力以上に情報を伝える力がある非言語力

　非言語コミュニケーションとは，字のごとく言語に頼らないコミュニケーションを意味します。ノンバーバル・コミュニケーションともいわれます。

　非言語コミュニケーションは，良好な信頼関係を築く，言葉を補完する，相手の気持ちを読み取ることができるなどの効果があり，「メラビアンの法則」で知られるように，言語以上に情報を伝える力があります。うまく活用すれば相手との関係や自らの印象を向上させるのに役立ちます。また逆に言えば，自信のなさや裏の思いというものも，非言語的要素から相手に伝わってしまうということです。コミュニケーションの研究者であるマークL. ナップによれば，非言語コミュニケーションは次のように分類されます。

　①身体動作（姿勢，表情，視線，身振り等）
　②身体の特徴（容貌，スタイル，外見の乱れ等）
　③接触行動（タッチング，握手等）
　④近言語（泣き・笑い，あいづち等）
　⑤プロクセミックス（対人距離，パーソナルスペース等）
　⑥人工物の使用（服装，装飾品等）
　⑦環境（インテリア，照明等）

非言語コミュニケーションを意識したトレーニングを

　非言語コミュニケーションを少し意識するだけでも，コミュニケーションが円滑になります。相手とペースを合わせる非言語力は，信頼関係を作る上で大切です。五感を働かせ，非言語を意識してトレーニングをしてみましょう。

⑩ 語彙力

語彙をどれだけ使いこなせるか

「語彙力」は，語彙を知っていて使いこなせる能力という意味です。知っている単語の量や知識の深さだけでなく，どのくらい上手に使いこなせるかということも問われています。「語彙力」を鍛えると使える単語数が多くなり，ものごとを表現する力も高くなります。

「語彙力」を強くするには，本を読むことが王道の方法です。それも，いろんなジャンルの本に挑戦した方がいいでしょう。適切な語句の使い方を例文とともに知ることができるため，使用語彙を効率的に増やすことができます。また，「語彙力」を定着させるために，覚えた言葉は積極的に使ってみること，違う言葉で言い換えてみる習慣をつけることもおすすめです。もう1つ大事なのが，たくさんの経験をすることです。たくさん話をして，語彙を使ってみましょう。小学校を卒業するまでに多く覚えてほしいのは，気持ちを表す「心情語」です。例えば，「楽しい」を表すのに，いろいろな言葉を使って表せると，自分の気持ちを正確に相手に伝えやすくなります。

毎日の生活で語彙力を高めよう

「語彙力」をつけるために学校でできることは，まず読書です。いろいろな本が読めるように課題図書を指定したり，年間100冊を目指させたり，身近に本を置いて隙間時間に読ませるようにします。次に辞書引きです。机の上に常に国語辞典を置いておき，何の時間でも分からない言葉があれば，すぐに辞書で調べる習慣をつけます。分からない時にすぐ調べるのが，語彙を定着させるために有効です。その他，音読の時間に様々な文章を暗唱させたり，カルタを使ってことわざや四字熟語なども自然に覚えさせたりするようにします。文章を書かせる時にも，意図的に使わせるのもいいでしょう。

Chapter 2

コミュニケーション力を育てるための「聞き方・話し方」の指導アイデア

コミュニケーション学習の年間指導計画

　第1章で，コミュニケーション力を支える10の力と，それを育てるためのポイントについて述べました。

　下図に示すように，コミュニケーション力を育てるためには，まずコミュニケーションについての知識・技能を取得することが必要です。そして，習得した知識・技能を学習活動で活用しながら，定着を図っていくことになります。

コミュニケーション・トレーニング

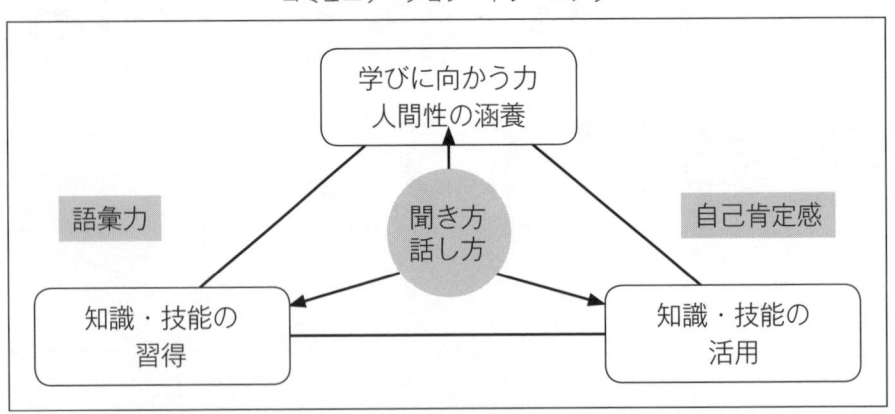

　ただ，内容をそのまま指導しても，子供にはなかなか身につきません。楽しい活動を行いながら，その中で子供たち自身が気づき，発見していくことで力が定着していきます。つまり，子供が喜んで活動するための「ゲーム化」が大事なのです。

　コミュニケーション力を育てるための，「話し方」「聞き方」の指導も，同じように楽しい活動を通して身につけていきます。

「実の場へのつながり」のためのカリキュラム・デザイン

　これまでも，「話す」「聞く」「話し合う」の指導は様々な場面でなされてきているはずです。しかし，それがコミュニケーション力の向上にはなかなか結び付きませんでした。それは，コミュニケーションのための知識や技能は理解して，使う練習もしたけれど，実際に生活の中で使うという「実の場へのつながり」が薄かったからではないでしょうか。

　この「実の場へのつながり」を強くするためには，カリキュラム・デザインの工夫が必要です。現在のカリキュラムを見直し，学びが途切れず，つながるようにしていきます。

　具体的には，次の3つの学習を考えていくことが大切です。

---

(1)日常や帯時間，教科等での知識・技能を習得する学習

(2)各教科や総合的な学習の時間，特別活動の授業，行事，学級生活等での活用の学習

(3)活動を通して意欲を高めたり心を育てたりする学習

学級づくり・学級活動とつなぐ

　pp.28-29に，4年生の年間指導計画の例を載せています。その中で，一番左に「学級づくり・学級活動」の欄を示しました。

　前述したように，コミュニケーション力の向上を図るためには，実際の生活とつないでいかなければなりません。そのためには，学級での生活とつなぐことが一番です。そこで，学級目標をもとに約2か月ごとの目標を決め，学級活動，行事，集会等で，ソーシャルトレーニング，エンカウンター等も活用しながら仲間づくりの活動を行います。また，学級の話し合い活動において，全員で意見を出し合って話し合うことや，みんなで決めたことを大切にし，協力してやり遂げることで，「集団の一員としての自覚や態度，望ましい人間関係」が育っていきます。また，自主的，実践的な態度も育ちます。

各教科で話し合いに必要な能力を育てる

　各教科の授業においても，話し合いを取り入れた学習を数多く行っていきます。教科書単元を使って，計画的に話し合いの指導をしていけるとよいでしょう。

　その際，単元の計画の中に，話し合い学習の取り立て指導も入れていきます。子供にも取り立て学習の必要性が感じられるように，教科書単元の学習内容につながる指導の内容を考えます。やはり，国語科での実践が多くなりますが，それぞれの教師の強みを生かして，自分が得意な教科もたくさん利用していきましょう。

　中でも，「三角ロジック」の指導は，学年の早いうちに行うようにしたいところです。年間を通して，様々な教科で「主張－データ－理由付け」を意識して意見を発表する機会を設けることで，相手を納得させる力をつけていきます。発表の際には，三角ロジックを紙に書いて掲示しておくなどして，意識できるようにします。

　また，子供たちの実態として，お互いの意見を発表し合うだけになってしまい，意見が絡まない話し合いになってしまうことがよくあります。そういった話し合いにならないためにも，質問したり反論したりする力を子供たちにつけていくことが大切です。そのために，各学期に1度程度，ディベートの取り立て学習を行います。国語科での「話すこと・聞くこと」の単元を利用して，時間数を調整し，ディベートの指導の時間を作るといいでしょう。

総合的な学習の時間，朝の活動や帰りの活動を生かす

　総合的な学習の時間では，探究的な学習を行います。自ら課題を設定し，資料を収集し，それを整理・分析し，まとめ・表現を行う機会を活用して，コミュニケーションの指導も取り入れていくとよいでしょう。

　例えば，資料を集める際にインタビューを行う場合には，それと合わせてインタビューの指導を行います。また，資料を整理・分析するために思考ツ

ールの使い方等を指導してもよいでしょう。まとめ・表現では，プレゼンの技能を高めるための指導を行うことができます。

　また，朝の活動や帰りの活動で，継続的に「質問タイム」や「ほめ言葉のシャワー」などを行うとよいでしょう。これらの活動は，毎日の活動で友達とのつながりを深めるという意義が大きいというだけでなく，聞き方や話し方，質問の仕方，答え方，即興力等を意識して指導していくことで，「話す・聞く」力の基礎を育てることができます。

　その他にも，「音読」では声の出し方や姿勢，語彙力をつけることができますし，「スピーチ」を継続的に指導してもよいでしょう。事前に話す内容を指導し，話し方も実態に応じて指導することで，話す力をつけていくことができます。

語彙を増やすことと日常の心がけ

　語彙力を高めるために，「辞書引きを行う」，「カルタを活用する」，「暗唱をする」，「本をたくさん読む」などを日常的に行っていきます。これも，楽しくゲーム的に行うことが大切です。また，日常の中でコミュニケーション力を高めていくためには，次のようなことに心がけていきます。

・「なぜ」「どうして」という問いかけで話す内容を深める。
・子供の方を向いてしっかり子供の話を聞く。
・子供に使わせたい言葉をシャワーのように大人が多く使う。
・みんなの前で，自分の意見などを話す機会を多く与える。
・子供の言葉の先取りや代弁をせず，自分で話させる。
・できるだけ原稿を見ないで話すようにさせる。
・人の話を聞くしつけや発言のルールを身につけさせる。
・子供の話し方や聞き方の伸びを見つけて，積極的にほめる。
・安心でき，温かい雰囲気の話しやすい環境を作る。

第４学年　コミュニケーション年間指導計画

	学級づくり・学級活動		各　　教
	目標	具体的活動	取り立て指導
4	話の聞き方がじょう ずになろう	歓迎集会の出し物を成功させる 授業中の話の聞き方に気をつける	1分間目線ゲーム（国）
5		運動会に向けてみんなで協力する タブレットを使って反省会	このごろ楽しかったこと（国） Googleフォームでアンケート（国）
6	友達と協力してがん ばろう	グループ学習を協力して行う 友達を誘って仲よく遊ぶ すごろくトーキング	なかよししつもんゲーム（国） 三角ロジックで説得（国）
7		学級園の世話を協力して行う 1学期がんばったね集会をする	本当？テレビショッピング（国）
9	いろんな人と話をし よう	たくさんの人への明るいあいさつに取り組む 1分間トーキング そうじ時間に協力してがんばる	質問を掘り下げろゲーム（国） ミニディベート（国）
10		みんなでたくさん本を読み，意見を交換する だれとでも話ができるようにする 家族にお願い	事実と意見でジャンケンポン（国） 「イエス」「ノー」ゲーム（国）
11	堂々と話ができるよ うにしよう	音楽会に向けて協力してがんばる ボランティアの取組をがんばる 堂々と話ができるようにする インタビューで他己PR	キーワードビンゴゲーム（国） キーワードメモゲーム（社） マジックフレーズ（社）
12		友達のよさを見つける 2学期がんばったね集会をする	メモでスピーチ再現ゲーム（国）
1	相手のことを考えて 話したり聞いたりし よう	明るいあいさつに取り組む 「ありがとう」を言うようにする 思いやり反論ゲーム	反駁型ディベート（国）
2		ボランティアの取組をがんばる 私のクラスのいいところ	ブレインストーミング（国）
3	1年をまとめよう	1年間がんばったね集会をする すごろくトーキング	反駁型ディベートをしよう（国）

科 / 教科書単元	総合的な学習の時間	朝の帯活動, 帰りの活動等	語彙を増やす活動	
もしも，どうしたい（国） たしかめながら話を聞こう（国） みんなで新聞を作ろう（国） わたしたちのくらしとごみ（社） 人物の変化をとらえよう「走れ」（国） わたしたちのくらしと水（社） 一億をこえる数（算） 電池のはたらき（理） 表し方のちがいを考えよう「広告を読みくらべよう」（国） 小数（算）	みんなが暮らしやすくするにはどうしたらいいか 車いす体験 高齢者体験 アイマスク体験 課題設定 きくこよねインタビュー 資料の収集 調べたことの発表 私の好きなこの一句 3つありますスピーチ	成長ノート開始 　書き方の指導 朝の質問タイム 出す声の指導 マナー教室 きらりタイム（いいとこさがし）の活動 私の好きなもの紹介 校長先生のお話クイズ ほめ言葉のシャワー開始 　慣れる 　よさを感じる	価値語の導入 漢字前倒し学習 音読・暗唱 辞書引き学習 ことわざカルタ1 読書の取り組み 別の言葉で伝言ゲーム 一生県名 ことわざカルタ2	世のため人のための活動・当番活動・学習リーダー・係活動・ミニミニ学級会・朝の活動・質問タイム　等
学校についてしょうかいすることを考えよう（国） 物語の題名の意味を考えよう「一つの花」（国） 割合（算） 暮らしの中の「和」と「洋」について調べよう（国） わたしたちのまちの文化財や年中行事（社） 面積（算） 雨水のゆくえ（理） 聞いてほしいな，心に残っている出来事（国） 読んで考えたことを伝え合おう「ごんぎつね」（国）きょう土を開く（社） がい数とその計算（算） ものの温度と体積（理） 本をみんなにすすめよう（国）	○○の街は，みんなが暮らしやすいのか ゲストの話を聞こう 課題設定 資料収集 インタビュー名人 資料の整理と分析 樹形図で整理しよう 調べたことを発表 ショウ＆テルの指導 学習をまとめよう	あいさつきょうそう 成長ノートのレベルアップ ほめ言葉のシャワー（2巡目） 　内容の充実 　話し方・聞き方 　感想の充実 みんなと話そうゲーム ほめ言葉のシャワー（3巡目） 　握手をする 　言葉を返す	ことわざカルタ3 漢字リピート 四字熟語カルタ1漢字熟語学習（4年） 別の言葉で伝言ゲーム 読書の取り組み 四字熟語カルタ2 四字熟語カルタ3漢字熟語学習（3年） 百人一首（青）	
日本語の数え方について考えよう「数え方を生み出そう」（国） 県内の特色ある地域の様子（社） 分数（算） 調べたことをほうこくしよう（国） 読んで感じたことを伝え合おう「世界一美しいぼくの村」（国） 変わり方（算） もののあたたまり方（理）	みんなが住みやすい街を提案しよう 資料収集 資料の整理と分析 発表会をしよう あなたもスーパーセールスマン 学習をまとめよう	成長ノートのレベルアップ 条件付きスピーチ ほめ言葉のシャワー（4巡目） ほめ言葉のシャワー（5巡目）	百人一首（黄） 読書の取り組み 別の言葉で伝言ゲーム 漢字熟語学習（1，2年） 百人一首（赤） 漢字の総復習	

1 「傾聴」の指導

指導の概要とポイント

　「傾聴」とは，相手を見て話をしっかりと聴くことです。傾聴で最も大事なことは，相手や相手の話を尊重することです。相手の話の途中で，つい自分の意見を口に出したくなることもありますが，たとえ自分と相手の意見が食い違っていても，一旦は否定せずに聴くことが大事です。その時に，以下のような反応を示しながら，相手に話しやすい状況を作っていきます。

> ・傾聴三動作（うなずき，あいづち，賞賛）で相手の話を促す
> ・体の向きや目線を合わせる
> ・相手と表情や動作を合わせる（ミラーリング）

　ここでは，傾聴三動作の指導について紹介します。

指導アイデア①　このごろ楽しかったこと

　傾聴三動作を態度面の形式的な指導にならないようにするために，動作の意味を体感させるようにしたいものです。そこで，三動作を教師から与えず，自ら気付くような学習を行うようにします。

指導の手順

❶ペアを作り，話の仕方と聴き方を理解させ，話をさせます。

　T　今から，話の聴き方の勉強をします。話の聴き方が上手になると，相手と仲よくできるようになります。「このごろ楽しかったこと」というテーマで話をしてもらいます。話し手と聞き手を決めてください。2回話をしたら交代します。話し手は，1分間テーマについて話し続けてください。聞き手は，指令カード①のように聴いてください。

T　次も，話し手と聞き手は同じです。話し手は同じことを話しても構い
　　ません。聞き手は指令カード②のように聴いてください。

指令①	指令②
次のような態度で聴いてください。 目を合わさずに　つまらなさそうに 途中で反対意見を言って	次のような態度で聴いてください。 目を見て　笑顔でうなずいて「いいね」 「それで」「すごいね」「よかったね」

❷話し手と聞き手を交代して行います。

❸やってみて気付いたことをペアで話し合います。

T　指令①と指令②をやってみて，話の聴き方で気が付いたことをペアで
　　話し合ってください。

C　目を見てくれると聴いてくれている感じがした。

C　「いいね」とか言ってくれると話しやすかった。

❹全体で「傾聴三動作」の効果についてまとめます。

指導アイデア②　好きな食べ物は

　傾聴三動作を実際に使ってみる学習です。実際に使ってみると効果も感じ
られるし，やりすぎるとおかしいことなども感じられ，実際の生活に活かせ
るようになります。

指導の手順

❶3人組を作り，聞き手と話し手と評価者を決めます。

❷話し手が「好きな食べ物」について話をします。聞き
手は うなずく 　あいづちをうつ 　賞賛する のカー
ドを見ながら話を聴きます。評価者は，タブレットで
動画を撮りながら，聞き方についての評価を行います。

あいづちをうつ
「へえ」「私も」 「わかる」「そうそう」 おうむ返し　質問

❸話が終わったら，3人で動画を見ながら振り返りを行います。

C　笑顔で「ぼくも同じだよ」と言ったのがよかったね。

C　そうそう，私もそれを聞いてうれしくなったわ。

❹役割を交代し，同じことを繰り返します。

2 「ミラーリング」「ペーシング」の指導

指導の概要とポイント

心理学で「類似性の親近効果」といわれるものがあります。

---

(1)人は自分と共通点がある人には，心がオープンになり，親しみを感じやすい

(2)良好な関係の２人は，同じ動作をする傾向が高くなる

---

(2)のように相手とペースを合わせることで信頼関係をつくる技術をラポールといいます。ラポールの方法は，３種類あります。

バックトラッキング…相手の話のキーワードを伝え返したり，話を要約したりする。

ミラーリング　　　…相手との信頼関係をつくるために，姿勢・表情・動作を合わせる方法。

ペーシング　　　　…声，話すスピード，呼吸など，言葉以外の目に見えないものを合わせる方法。

大事なことは，相手との信頼関係をつくるために，これらの方法をただ使えばいいのではないということです。

相手の動きをよく確認し，その動きをゆっくり追っていきます。さりげなく気付かれないようにやるようにします。相手が真似をされていることに気付いてしまうと，不信感を抱くことになりかねません。まずは「相手を理解しようとすること」，「知ろうとすること」，そして「尊重しようとする」思いを大切にしてください。

指導アイデア①　同じところを見つけよう

　自分と共通点がある人には，親しみを感じます。ラポールを築きやすくするために，2人で同じところを見つけていきます。時間を決めて，その時間内でたくさん見つけるようにして意欲を高めます。その話し合いの中で，ミラーリングやペーシング，バックトラッキングを意識して使ってみます。

指導の手順

❶ペアを作り，話の仕方と聴き方を理解します。

　T　今からペアで2人の同じところを見つけてもらいます。見つかったら，紙に例えば「ねこがすき」などと書いていきましょう。たくさん見つけるためには，相手と仲良くなることが大切です。そこで，相手の言ったことを繰り返す「バックトラッキング」，相手の表情や動作をまねする「ミラーリング」，同じくらいのスピードや声で話す「ペーシング」を考えながら話をしてみましょう。

❷ミラーリングをする人を決め，ペアで1回目を行います。

　T　はじめにミラーリングをする人を決めてください。される人は紙に見つかった同じことを書いていってください。

❸ミラーリングをする人を交代し，ペアで2回目を行います。

　T　ミラーリングをする人を交代してください。2回目を行います。

❹ミラーリングをやった時の気持ち，やられた時の気持ちをシェアします。

Point

　前ページにも書きましたが，大事なことはミラーリング等をしていることを相手に気付かれないでさりげなく行うことです。その点では，この実践は難しい部分もありますが，方法として知っておくことは必要です。相手をよく観察し，相手の気持ちを理解し尊重しようとすることが，真剣に聞いてくれた，気持ちが分かってくれたという信頼感につながります。技術をまねるのではなく，そういった感情を実感することで，自然なミラーリングができるようになるのではないかと考えます。

3 「コメント」の指導

指導の概要とポイント

　「聞く」ためには，常に聞こうとする意識を持つことが必要になります。また，相手の話を正しく聞き取っていく技術も必要です。この2つができることで，うまくコミュニケーションが取れるようになっていきます。

　聞くことには，「きちんと受けて（キャッチ）」「きちんと返す（リターン）」ことが求められます。リターンには，質問やコメントがあります。適切な質問やコメントをするためには，話の内容を聞き取ることもですが，姿勢・動き，呼吸，表情，声などの非言語的な兆候を受信することも大事です。その力をキャリブレーションといいます。キャリブレーションを磨きながら，質問やコメントできちんと返せるようにしていきたいものです。

　コメントは，課題となっている出来事に対して，自分の認識をしっかりと述べ，その出来事に対する価値判断や今後の態度を明確に表明することが大切です。コメントで大切なポイントを述べます。

(1)自分の経験や立場から考えた独自の視点での発言をする。

(2)印象に残る言葉で短く語ることを心がける。

(3)コメントに新たな価値を持たせる。新しい情報がプラスされ，より臨場感をもって主張が伝えられる。

(4)雰囲気を和らげる言葉を活用する。場の雰囲気にもよるが，情報量はなくても，ユーモアのある言葉で場をなごませたり盛り上げたりするコメントも有効である。

(5)必ず代替案を用意しておいて，矛盾点や間違いを指摘する。

指導アイデア①　グルメレポーターになろう

指導の手順

❶コメントのポイントを学習した後，給食のおかずをレポートする学習をすることを予告します。

　Ｔ　明日，グルメレポーターになってもらいます。明日の給食はカレーと甘夏サラダです。これらのことを調べておいてください。材料は献立表に書いてあります。

❷給食の時間に，食べながらレポートすることのメモをさせます。

　Ｔ　給食を食べながら，おいしさを伝えるキーワードをメモしておいてください。5時間目にどんなコメントをするかを考えてもらいます。

❸コメントを考えます。その後，グループを作り，カレーか甘夏サラダのどちらかのグルメレポートをします。発表のよかったところを出し合います。

　カレーをレポートします。カレーというとインドをイメージしますが，インドにはカレーという言葉はもともとなかったそうですよ。このジャガイモとニンジンの大きい切り方がいいですね。我が家のカレーは野菜が細かく切ってありますが，大きいと野菜の味が楽しめますね。……

Point

　グルメレポートは，誰でも見たことがあるのではないでしょうか。共通の素材である給食を使ってやってみると，楽しく活動ができます。

指導アイデア②　あなたもコメンテーター

指導の手順

❶新聞の記事を3種類くらい提示します。好きな記事を1つ選ばせます。子供新聞がある学校も多いと思いますので，活用するとよいでしょう。

❷記事についてのコメントを考えさせます。同じ記事を選んだ子供同士でグループを作り，発表し合います。それぞれの発表のよさを交流します。

4 「情報整理」の指導

指導の概要とポイント

　話の中にはたくさんの情報が入っています。それを整理するには，考えを図にして整理することが大切です。新家竜介（2012）は，その際，「分類」と「接続」という考え方を行うと述べています。分類とは，同じものと違うものを区別することです。接続とは，分類したものの間にある関連性を見つけるということです。例えば，手段と目的，結果と原因，主張と根拠などです。それを線でつないで図にしていきます。典型的な３つの図を紹介します。

---

①**サークル図**…同じ性質の情報を線で囲んで，グループにまとめる。そして，見出しをつける。たくさんある情報をまとめていくのに効果的である。

②**ツリー図**　…最初に上の結論等を設定して，そこからより詳しく下に向かって分類していく。または，似たものをグルーピングし，上に書いていく。

③**フロー図**　…違う性質の情報を矢印の線でつないでいく。フロー図では，論理（主張と根拠）のつながりと因果（原因と結果）のつながりの２つが示せる。

　聞くことにおいては，話の中心的な部分と付加的な部分を聞き分けるということが大事になります。言葉のレベルの違いに気を付け，話し手の意図に沿った中心部分と付加の部分を見つけるのです。

　中心と付加の部分を整理する方法として，堀裕嗣（2002a）では，樹形図を使った実践が紹介されています。その実践を参考に，指導アイデアを紹介します。

指導アイデア①　樹形図で整理しよう

指導の手順

❶教師が「運動会の思い出」のスピーチをして自由にメモを取らせ，話が長くなるとメモが取りにくいことを実感させます。

❷右図のような樹形図を子供に示し，メモを取る練習を行います。

　Ｔ　さっきの「運動会の思い出」の話をもう一度話します。今度は，学習シートの四角の中に入るように，単語で言葉を入れていってください。

❸解答例を示します。また，友達と学習シートを見合い，どのようにまとめるとよいかを話し合わせます。

　Ｃ　２段目の大きな項目は，この３つでいいね。

　Ｃ　なぜ思い出に残っているかという話し手の気持ちを考えるといいね。

❹それぞれが書いた学習シートを見て，話を再現させてみます。上手に再現されると，メモもよく取れているということになります。

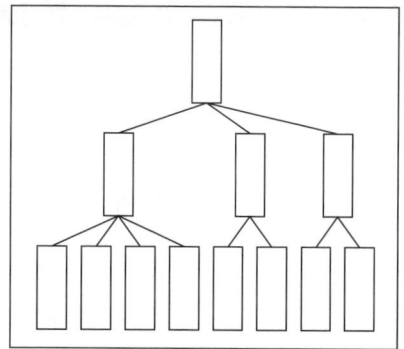

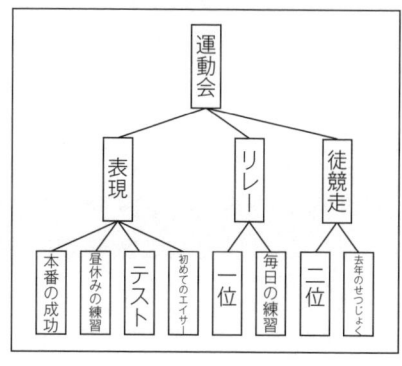

Point

　聞き取りメモを単語で取るということが難しいです。四角が大きくないので，どうしても単語で書かなければという意識が高まります。また，樹形図に書き込むことで，情報にはレベルがあることを，高さを変えて構造的に書き表すことで感じることができるようになります。一回やっただけでは，なかなか習熟できないので，少しずつレベルを上げながら繰り返し行います。

5 「事実と意見」の指導

指導の概要とポイント

　話し手の話を聞く時に，話されていることが意見なのか，事実なのかを聞き分けることが重要です。事実とは「本当にあったことで誰でも確かめられること」，意見とは「その人が考えたこと」です。

　また，事実と意見が混ざった話もあります。

単文で両方の要素が入っている文
　…「バナナは黄色くておいしいです。」
複文で両方の要素が入っている文
　…「図工の授業が木曜日にあるので，とても楽しみです。」

　菊池省三氏の実践の中には，ジャンケンを使った実践がいくつかあります（菊池省三・池亀葉子他，2015）。ここでは，それを参考にして紹介します。

指導アイデア①　事実と意見でジャンケンポン

指導の手順

❶子供たち全員に，内容は自由ですが，「事実」「意見」「事実と意見」の３種類の文になるように書かせます。
　（例）事実：今日，水泳の授業がありました。
　　　　意見：ぼくは，「したくないな」と思っていました。
　　　　事実と意見：でも，前よりも泳げるようになったのでうれしかったです。
❷子供たちの書いた紙を集めて，１枚ずつ読み上げます。事実なら「グー」，意見なら「パー」，事実と意見なら「チョキ」を出すように指示します。

T　読みます。「でも，前よりも泳げるようになったのでうれしかったで
　　す。」これはグーかパーかチョキか。ではいくよ！　ジャンケンポン。

C　チョキ。

T　答えは「チョキ」です。前半が事実で後半は意見だね。

❸何回か繰り返し，正解数が一番多かった子供がチャンピオンになります。

Point

　子供たちが書いたものを保管しておき，授業の前やちょっとした隙間時間
に継続して行うといいでしょう。聞く力だけでなく，自分で問題文も書くの
で，事実と意見を区別して話す力も鍛えられます。

指導アイデア②　ジャンケンスピーチ

指導の手順

❶アイデア①と同じように，事実を「グー」，意見を「パー」，事実と意見な
　ら「チョキ」ということを子供たちに説明しておきます。今回は，「グー
　スピーチ」で，事実のみでスピーチをすることを伝えます。

❷教師が作っておいた題となる言葉を書いた数枚のカードから，代表の子供
　が１枚引き，話をする題を決めます。

　（例）山，夏休み，雨，海など

❸グループで協力して，その題を使った文を作ります。できるだけ他が書い
　ていないような５つの文を決めます。

　代表の子供が発表して，一番面白かったと思ったチームをみんなで選びま
　す。もちろん間違えて「パー」を言ってしまったら減点になります。

Point

　「パースピーチ」や，慣れたら「チョキスピーチ」もできます。また，グ
ループでなく，ペアや個人でやってもいいです。条件も，「３文言いましょ
う」「30秒で３つ言いましょう」など，レベルを変えるといいでしょう。

6 「キーワード」の指導

指導の概要とポイント

　その人が何を知りたいかによって，同じ話の中でも必要な情報が変わります。話し手の話す内容から自分に必要な情報のみを取り出して聞く力をつけることが大事です。

　そのためには，できるだけ「目的」を明確に，しかもできるだけ具体的に持つことです。その「目的」に応じたキーワードを見つけられるようにしていきます。

指導アイデア①　キーワード聞き取りゲーム

指導の手順

❶教師が2〜3分の話をします。聞く目的を示しておいて，子供にはメモを取らないように言って話を聞かせます。

> 　明日の見学旅行のことを話すので，何時に集合か，何を持ってくるか，その他の注意することをしっかり聞いてください。
> 　明日はいよいよ皆さんが楽しみにしていた見学旅行ですね。…朝は，バスが来ますから，いつもの登校時間より早く，7時50分には教室についておくようにしてください。…持ってくるものは，…バスに酔いそうな人は，薬も持ってきていいです。…

❷話し終わったら，話した内容について，特に聞く目的に合った問題を出します。手を挙げさせたり，ノートに書かせたり，場合によって考えます。
　Ｔ　朝は，どこに何時までに来ておかなければいけませんか？
　Ｔ　特別に持ってきてもいいものがありました。何でしょう？

　メモを取りたいという子供が出てくると思います。そう言った子をまずほめます。ゲームでは取らないようにしましたが，日常では後で確かめるためにもメモが大事であることを話します。その時にメモの取り方を指導してもよいでしょう。聞かせる話には，情報量があった方がいいです。目的を明確に持って，必要な情報を聞き取る必要性を感じさせるようにします。

指導アイデア②　キーワードビンゴゲーム

指導の手順

❶ビンゴゲームをすることを伝えます。３×３の９マスの紙を渡します。

　　Ｔ　先生が今からお話を読みます。後で，どんな人が出てきて，どんなことがあったのかということを尋ねますので，大事だと思うキーワードをマスにメモをしていってください。

❷座席順にビンゴのマスに書いた言葉を１つずつ言っていきます。

❸言われた言葉を丸で囲ませます。

❹一番最初にビンゴになった人，全員が言い終わって，一番ビンゴの数が多い人をチャンピオンにし，みんなで称えます。

❺自分の書いたビンゴのメモを使って，どんなお話だったのかの話をペアの人にさせます。

かめ	子供たち	おじいさん
りゅうぐう城	浦島太郎	何百年
玉手箱	おとひめさま	助ける

❻友達のメモを見て，どんなキーワードを書いておくとよかったのかを発表し合います。

Point

　ビンゴゲームに慣れるまでは，３×３の９マスぐらいにすると書きやすいです。慣れてきたら，マスを増やして挑戦させてもよいでしょう。マスを埋めるのが苦手な子供には，書き込んだ後に近くの人と相談する時間をとり，それを書き込むようにすると参加できるようになります。

7 「クリティカル・リスニング」の指導

指導の概要とポイント

　どんな話にも，必ず話し手の意図があります。聞き手は聞く目的に応じて，話の内容や論理の展開を「批判的」に聞き取る力が必要になります。批判的というとネガティブなイメージがありますが，杉村隆氏は，事実を客観的に見るために，不足している情報，重複している情報，結論に当てはまらない例外，別の可能性，別の根拠，隠された裏の意図，目的との整合性といった視点で情報を見直すことで，論理を確実なものにすることが「批判」の本質であると述べられています（「クリティカルシンキング（批判的思考）とは？具体例とトレーニング方法（SoulWork）」）。つまり，批判的に聞くことで物事の本質に近い最適な結論を導くことができ，自分自身が十分納得できる判断を下せるようになるのです。

　その中でも特に，主張と具体例の「整合性」が大事になります。因果関係を説明するのに，右のような三角ロジックを使うことが有効ですが，理由付けをするためには，データとしての

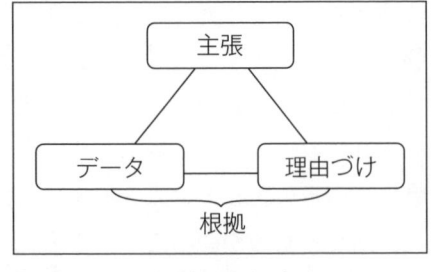

具体例が主張に対して適切かということを確かめる必要があります。

　また，そのデータの数値が本当か，誇張していないかも確かめる必要があります。話の中では，本来，示さなければならないデータを隠している場合もあります。また，誰かの意見を取り上げるのに，自分の主張をするのに有利な意見ばかり取り上げて，不利となる意見は取り上げない，ということもあります。こういった点について，メディアリテラシーの視点から具体的に指導をしていく必要があります。

指導アイデア①　本当？　テレビショッピング

指導の手順

❶テレビショッピングの映像を見せます。

〈フライパン〉
・強い耐久性　・少ない油でくっつきにくい　・使いやすい重さ
・優れた熱伝導でむらなく焼ける　・オール熱源ＯＫ　・ふたをセットで
〈電気圧力鍋〉
・ボタンを押すだけ。あとはほったらかし。　・火を使わず安全
・タイマー付きで好きな時間に完成　・圧力をかけない料理も作れる
・コンパクトで，手入れもラクラク

❷映像についてまとめた上のポイントを提示し，よく分からないところや本
当か不安に思うところを出させます。
　（例）耐久性は他のと比べてないから分からない／使いやすさは人それぞれ
　　　／熱伝導がいいと本当にむらなく焼けるのか　など

❸テレビショッピングで，他にも同じような事例がないかを尋ねます。
　（例）トレーニングマシンはもともと筋肉もりもりの人がしている　など

指導アイデア②　あなたもやろう！　テレビショッピング

指導の手順

❶指導アイデア①を行った後，学んだことを生かして，自分もテレビショッ
ピングのプレゼンの役をすることを伝えます。

❷身近な文房具などを１つ決め，そのセールスポイントをメモします。その
際，正しい情報を伝えること，相手が納得できる理由付けができることに
気を付けて考えさせます。

❸みんなの前で実演した後，感想や意見を交流させます。厳しく言い合うの
ではなく，ユーモアを持って交流する雰囲気を教師はつくるようにします。

8 「質問」の指導

指導の概要とポイント

　p.34「コメント」の指導の中で紹介したコミュニケーションの「きちんと
受けて（キャッチ）」「きちんと返す（リターン）」のリターンにおいては，
質問力が大事になります。分からないことはそのままにせず，聞き返して理
解しようとする姿勢を貫く必要があります。
　質問には２つの種類があります。

クローズドクエスチョン…「YES」「NO」で答えられるような質問や，
　　　　　　　　　　　　　回答範囲が限られている質問
オープンクエスチョン　…相手に対して，回答範囲を設けずに自由に返
　　　　　　　　　　　　　答できる質問

　粟津恭一郎（2016）によると，よい質問をするために一番大切なことは，
相手の話を「聞く」ということだそうです。相手の話に注意深く耳を傾け，
同時に言葉の「背後にある思い」や「本当に伝えたい心情」に真剣に向き合
うこと，そして相手にもフィードバックを伝え，気付きを深めていく積極的
な姿勢が大事になります。次に挙げるのは，質問するための５つのコツです。

・短く簡潔に，タイミングよく話す（30秒以内で，話を遮らない）
・１つのことを深掘りして質問する
・質問内容を精査する（具体的で本質的な，相手の興味のある質問）
・自分の意見を少しだけ織り交ぜる（自己開示で友好的な関係を築く）
・詰問にならないようにする（間やクッション言葉を使う）

　よい質問をする際の技術的なことの基本は，「質問は流れに合わせてその

場で考える」ということです。事前に質問の準備はしますが，準備した質問に固執せず，その場の流れや展開を重視して質問を考えます。

　ちなみに，よい質問とは「相手の意見を求める質問」「相手の体験談を聞く質問」「自分自身の生き方を問う質問」などです。逆に悪い質問は「正解を求める質問」「相手を負かす質問」「選択肢が狭められる質問」などです。

指導アイデア① 質問を掘り下げろゲーム

指導の手順

❶4人グループを作り，1人質問に答える役を決めます。

❷右図のように縦に並びます。教師がお題を発表します。質問に答える人にメンバーが次々に質問をします。1つ質問をしたら，列の一番後ろに並びます。質問は前の人がした質問を掘り下げる内容にします。

```
答える人→●

質問をする人→○
　　　　　　○
　　　　　　○
　　　　　　○
```

❸3人が1周したら1ポイントとします。

　質：ラーメンは好きですか。

　答：はい，好きです。

　質：どんなところが好きですか。

　答：温かくてスルスル食べられるところです。…

❹質問タイムは2分としてポイントを数えます。終わったら「作戦タイム」を1分間とり，どうすればたくさん質問ができるかを考えさせます。

　質問に答える人を交代して，全員が質問に答えるようにします。

Point

　どうしても質問に答えられない時は「分かりません」もよいことにします。でも，できるだけ答えられるよう励まします。質問も分からない人には教えていいことにします。また，1つのことを深堀りして質問をすることで，より相手のことが分かるよさを実感させます。そして，作戦タイムを通して，相手が答えやすい質問をすること，分かっていることは省いて簡潔に尋ねることなどに気付かせます。

9 「インタビュー」の指導

指導の概要とポイント

　p.44「質問」の指導では，主に対話でのリターンにおいての質問の技術について書きました。ここでは質問を使った「インタビュー」について書きます。

　インタビューで大切にしたいことは，まず目的を明確にすることです。次に，インタビューの事前にしっかりと準備を行うこと，そして，忙しい中インタビューに応じていただく相手に感謝を忘れずに臨むことが大切です。詳しくは，次の４つのポイントを意識しておきましょう。

---

(1)**事前準備で質問内容を練る**

　取材対象者について調べた後に「どんな質問をするか」を考えておきます。最終的にどんな答えにたどり着けばいいのかを意識して質問内容を練っておきます。

(2)**答えをシミュレーションしておく**

　質問項目ができたら，相手からどんな答えが返ってくるかをシミュレーションしてみます。

(3)**オープンクエスチョンを増やす**

　話を掘り下げたい場合は，５Ｗ１Ｈを意識して質問を考えていきます。

(4)**取材対象者を好きになる**

　テクニックも必要ですが，最終的には「取材対象者にどれだけ興味がもてるか」が大事です。相手のことを好きになることです。

　インタビューの際は，話しやすい雰囲気を作ることが重要です。なるべく会話をするように取材をしましょう。メモをとるのは「これは記事に使えそうだ」というキーワードを中心にするようにします。

指導アイデア①　きくこよねインタビュー

| 指導の手順 |

❶インタビューの練習をすることを伝えます。上手にインタビューをするポイントとして「き・く・こ・よ・ね」を板書します。

❷インタビューで大切な「き」とは何かを考えさせます。同じように他の言葉も考えさせます。

> 「き」…きっかけ　　「く」…工夫　　「こ」…困ったこと
> 「よ」…よかったこと　　「ね」…願い

❸「き・く・こ・よ・ね」を使って，インタビューの練習をします。ペアやグループを使って，「得意なこと」や「趣味」などのインタビューをお互いにさせます。

| Point |

　菊池省三氏の有名な実践です。社会科見学や総合的な学習の時間などでは，インタビューをする機会が多くあります。そういった場で活用します。さらに話を掘り下げたい場合は，５Ｗ１Ｈを意識して質問をしていきます。

指導アイデア②　インタビュー名人になろう

| 指導の手順 |

❶３人組を作り，インタビューをする人，インタビューを受ける人，観察する人の役を決め，何を聞くか等の準備をします。

❷３分間インタビューをします。インタビューの様子はタブレットでも録画しておきます。終わったら観察役が気付いたことを言います。

❸全員が役ができるように繰り返します。終わったら録画を見て，自分自身のインタビューの仕方を振り返ります。

| Point |

　友達からの気付きを録画を見て確かめ，振り返ることが大事です。

10 「メモの活用」の指導

指導の概要とポイント

メモを取るメリットは大きく3つあると言われています。

(1)忘れないように，忘れてもいいように記録しておける

(2)話の要点をまとめる習慣がつく

(3)話を聞いている相手が安心する

また，メモには2つの型があります。他者から得た情報を記録する受信型メモと，発表の構想を練るなど知的生産のための発信型メモです（對馬義幸・研究集団ことのは，2002）。

受信型メモを取る際に押さえておきたいポイントは，次のようなことです。

(1)日付と場所，5W1Hを意識する

　複数回打ち合わせをした場合，それが時系列に並んでいないと意味がなくなってしまいます。それを防ぐためにも日時の記録は大切です。

(2)素早く書く

　そのために仮名表記やアルファベット表記を使ったり，略語・省略文字を使ったり，記号・符号を使ったりすることを練習します。

(3)簡潔に書く

　要点とキーワードだけをメモするようにします。

(4)構造的に書く

　図示・表示やナンバリングを活用します。色ペンも便利です。

(5)余白を贅沢に使いながらメモを取り，気になったことはコメントをつけておく

指導アイデア①　キーワードメモゲーム

指導の手順

❶教師の「明日の運動会の連絡」を聞いて，メモを取ります。

❷教師の話が速すぎてメモが取れないので，「速く，簡潔に，構造的に」メモ
を取る，また自分に必要な情報のキーワードだけをメモする練習をします。

❸もう一度運動会の連絡を聞いてメモを取ります。

❹メモをもとに，ペアの相手に連絡を伝え合い，キーワードが入っているか
を確かめます。

❺次に，教師がもっと長い別の連絡を話して，メモを取らせます。教師が入
っておくべきキーワードを10個決めておきます。ペアとメモをもとに連絡
を伝え合い，キーワードが何個入っているかで点数をつけて競います。

Point

メモの必要性とメモのポイントの大切さが実感できるようにします。

指導アイデア②　メモOK伝言ゲーム

指導の手順

❶4〜5人のグループで1列を作ります。

❷一番前の子供に教師が1分くらいの話をメモしながら聞かせます。

❸聞いたことを次の人に伝えます。この時，メモを見たり書いたりしてもい
いことにします。

❹列の最後の人が聞いた話をメモして，一番前の子供のメモと比べます。

❺教師がもとの話を全体で行い，一番もとの話と内容が近かったグループの
勝ちとします。制限時間を3分とします。

Point

これまでに身につけた要約力，キーワード力，情報整理力などを使ってメ
モを取ることを意識させるとよいでしょう。実態により，内容は難易度を調
整します。いろんな順番が経験できるように，何回か行うようにします。

 **「出す声」の指導**

指導の概要とポイント

「『出る声』でなく『出す声』で話しましょう」と菊池省三氏は述べられています。「出す声」とは，相手に伝わる，ちょうどいい大きさの話す声のことです。また野口芳宏氏は，「生活話法」と「教室話法」を区別することを提案されています。お二人とも，相手や場を意識して話すことの大切さを仰っています。「出す声」で話すのにもトレーニングが必要です。姿勢，呼吸，口形，発声などを意識して，練習したり日常に使ったりしていきます。

指導アイデア①　ピングットンでいい姿勢

力強い声を出せるようにするには，美しい姿勢と呼吸が大事になります。

指導の手順

❶姿勢のポイントを示し，実際にやってみます。姿勢は，次の4つのポイントに気をつけます。

(1)背筋を伸ばす	(2)胸を張る（ピン）
(3)あごを引く（グッ）	(4)肩の力をぬく（トン）

❷呼吸のポイントを示し，実際にやってみます。

呼吸は「3秒吸って，2秒留め，15秒で吐き出しましょう」と練習のポイントを示し，教師が実際に見本を示して真似をさせるといいでしょう。

指導アイデア②　口の体操　アイウエオ

口形を正しく発音することが滑舌のよさにつながります。口形は一般的に小学校1年生では指導しますが，その後はなかなか指導がなされていません。

❶１年生の教科書等に載っている口形の写真などを示し，「あ・い・う・え・お」の口形の練習をします。その際，タブレットを持ち，自分の方にカメラを向けて実際に見ながら練習をします。

❷口の体操を音読の練習の前などにやると効果的です。

（口）○ウイア体操　　ウイア　ウイア　ウイア

　　　○アエイウエオアオ　カケキクケコカコ　…

（舌）○レロレロ体操　　レロレロレロレロ…レロ

（唇）○オエオエ体操　　オエオエオエオエ…オエ

Point

朝の時間やちょっとしたすきま時間にゲーム感覚でやるといいでしょう。

指導アイデア③　何と言ったでしょうゲーム

大きな声を出す抵抗感を少なくするゲームです。

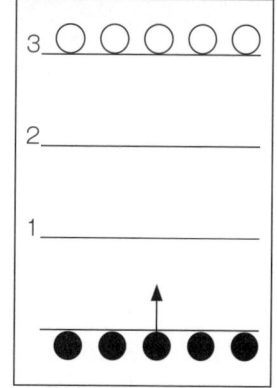

指導の手順

❶体育館や運動場で，右のような線を引きます。

❷●○のペアで分かれ，場所に立たせます。○は，はじめは３の線に立ちます。

❸大きな声で言葉を言って，ペアに知らせます。

　Ｔ　●の人には，それぞれ違った言葉を一斉に言ってもらいます。○の人は分かったら先生に答えを言いにきてください。もし，聞こえなかったら前の方に出て聞いていいです。聞こえた線の数字が点数になります。

❹●と○が交代してゲームをします。

Point

一度に違う言葉を言ってそれを聞き取るので，１組で５人くらいずついいです。どうしても声が小さい子には，人数を減らして言わせるなど，場に応じて配慮をするといいでしょう。

② 「アイコンタクト」の指導

指導の概要とポイント

　「目は口ほどに物を言う」「目は心の窓」などのことわざがあるように，私たちは目の動きで喜怒哀楽を読み取ります。アイコンタクトができないことで，「不安，不誠実さ，怒り，無関心さ，自信のなさ」を印象付けてしまうことがあるので注意が必要です。

　アイコンタクトのポイントとしては，次のようなことがあります。

〈会話の場合〉

・相手の目を見るのは半分くらいで，苦手な人は左右の眉の真ん中あたりを見るとよい。

・目線を外す時は「縦に外す」のがよい。

・相手の目を見るのは，0.5秒〜1秒くらいでよい。

〈スピーチの場合〉

・ジグザグの目線（Ｚの字）で全員にまんべんなくを意識する。左奥から右奥に，そして左手前，右へと視線を移動させる。

・一文につき一人，目線を合わせる。

・反応をよくしてくれる人を見て話す。

・話の区切りで間を取ってゆっくりと全体を見る。

指導アイデア①　人形にスピーチ

　自分の目線のくせを自覚するための練習です。

　指導の手順

❶いくつかの人形を並べ，話し相手に見立てます。

❷1分程度の自己紹介や趣味の話などを行い，動画を撮影します。

❸聞き手になったつもりで動画を確認して，次のことをチェックします。

> ・まんべんなく見ているか　・キョロキョロしていないか
>
> ・凝視していないか　　　　・目線を外す時は縦にしているか

Point

　子供同士でもできるなら，お互いに聞き手になってもらったり，意見を聞いたりしてもよいでしょう。アイコンタクトを自覚できることがポイントになります。

指導アイデア②　1分間目線ゲーム

　人前で話す時に，どうしても下を向いて聞き手を見られないという子供たちのために行います。

指導の手順

❶代表者を決めます。1回に4〜5人くらいにします。

❷代表者は順番に前に立ち，「ようい，ドン」でみんなと目を合わせるようにします。みんなは代表者に協力するように言っておきます。

❸代表者と目が合ったと思ったら，黙って手を挙げて下ろします。代表者は，まだアイコンタクトができていない相手とアイコンタクトを試みます。

❹1分間たったら，アイコンタクトができた人が挙手をし，何人と目が合ったかを確かめます。

❺振り返りを行い，どうすればたくさんの人とアイコンタクトができるかを考えさせます。

Point

　全員が交代で代表者になれるようにします。そして，あまりアイコンタクトができなかった子供にも，振り返りの中でその子の頑張りを子供たちに発表させたり，教師が価値づけたりします。時間を長くして，全員と目線が合う経験をするのもいいでしょう。

3 「笑顔」の指導

指導の概要とポイント

「第一印象の法則」というのがあるそうです。3秒以内に直観力が働き，30秒でそれを確認し，3分以内で決定づけるというものです。最初に会った時の印象が大事なのです。

「メラビアンの法則」によると，人が左右される情報は，表情，見た目，視線，身振りといった視覚情報が55％，声の質，話す速さ，声の大きさ，口調などの聴覚情報が38％だそうです。よいコミュニケーションのためには，「笑顔」のトレーニングが効果的です。

「笑顔」の指導では，まず子供自身が自分の話し方の課題に気づき，表情やリアクションを改善したいと思うことが大事です。自分が話している動画を撮影し，自分の姿勢，視線，身体の揺れ，癖などをチェックしてみます。そして，気になるところをトレーニングしていきます。笑顔を作るためには，次の3つが大切です。

・上の歯をしっかりと見せるようにする
・目を細め目尻を下げる
・口角を上げる

これらを練習していきます。

指導アイデア①　鏡の前で確認しよう

目尻を下げるために，「眉が下がっているか？」と「頬が上がっているか？」の2つに気を付けます。無理に動かすのが難しい部分ではありますが，意識することで改善にはつながります。

指導の手順

❶鏡の前に立って，にっと笑います。上の歯が６本以上見えていればOKです。８本以上が理想です。下の歯は見えなくてもいいです。上の歯にこだわらせます。「目が笑っている」＝「目の形が半月状になっている」状態になるように意識します。

Point

　子供には「頬骨をクイックイッと２回上げましょう」「頬骨を２センチ上げましょう」など具体的に伝えると効果があります。

指導アイデア②　口角を上げよう

　口角を上げる習慣を身に付けると，自然と日常の表情も変わってきます。

指導の手順

❶「ウイウイ体操」をします。

　(1)「う〜」と声を出しながら，できる限り口を小さくすぼめます。それを
　　５秒キープします。

　(2)次に「い〜」と声を出しながら，上の歯８本が見えるように口角を上げ
　　ます。これも５秒キープします。これを５回繰り返します。

　(3)(1)(2)が慣れてきたら，(1)と(2)を素早く繰り返します。（10回×３セット）

❷「割り箸トレーニング」をします。

　なかなか口角が上がらない，という子供には割り箸で練習をさせます。

　(1)割り箸を前歯で軽く噛みます。その時，口角が割り箸の上に来るようクイっと持ち上げます。

　(2)手で口元の両側を持ち上げ，この表情を30秒間キープします。

　(3)30秒経ったら割り箸を抜きます。その時にできた笑顔が理想の表情です。

Point

　教室に鏡はあるでしょうか？　自分の笑顔をいつも見られるようにしておくといいですね。また，相手を大事にする気持ちを持つことも常に意識させたいと思います。笑顔は最大のコミュニケーションです。

4 「間」「短文」「レトリック質問」の指導

指導の概要とポイント

　基本的な話し方の指導はたくさんありますが，ここでは「間」「短文」「レトリック質問」の３つについて紹介します。どれも，コミュニケーションは聞き手が言葉を受け取ってそれを映像化することで行われるという考えに立って，話を分かりやすくするための工夫です。

「間」…相手の注意を喚起し想像力を高める演出効果があります。「間」は相手が話のイメージを描く時間なのです。分かりやすく伝えるには，聞いている人の様子を見て，イメージが描けたと思われる相づちを待って話をすると，聞き手と息が合って分かりやすくなります。

「短文」…同じく相手が話のイメージを描きやすいというメリットがあります。そこで話の出だしや重要な部分は，「。」を意識して，１つのセンテンスで丁寧にゆっくり話を進めるといいでしょう。

「レトリック質問」…松本幸夫（2007）が紹介しているもので，「自問自答法」ともいいます。「対話で一番大事なことは何だと思いますか？　そうです。相手を思いやる気持ちです」のように，自分で質問して自分で答えるテクニックです。この場合，答えは求めていません。レトリック（修辞法）の一種と考えることができます。話の流れを自分の主張に向けたい時，話にメリハリをつけたい時，反対を事前に封じたい時などに有効です。

　これらのテクニックは，言葉を使うので言語コミュニケーション（バーバルコミュニケーション）ですが，例えばアイコンタクトやボディランゲージなどの非言語コミュニケーション（ノンバーバルコミュニケーション）の練習の際に意識的に取り入れていくと上達が速いのではないかと思います。その他，断定的な言い切りや繰り返しなども意識したいところです。

指導アイデア①　短文対決ゲーム

指導の手順

❶2人組になり，ジャンケンをします。

❷勝った方が，何かの物を見せます。（鉛筆や消しゴムなど）

❸負けた方は，その物を見て「分かったこと，思ったこと」などをたくさん
話します。ただし，原則として「主語・述語」のある文とします。

❹話した文の数が多かった人が勝ちとなります。

Point

　主語や述語，文などの共通理解ができていないと勝ち負けでもめるので，
しっかりとルールを理解させておくことが大事です。

指導アイデア②　字数制限ゲーム

指導の手順

❶決まった文字数（2マス，30マス等）の原稿用紙を準備します。

❷テーマを与え，各自が3分以内で理由を書きます。

　　T　字数は20字です。オーバーは認めません。テーマは「宿題はよい」で
　　　す。面白い理由を20字になるようにまとめてください。20字に一番近く，
　　　内容が面白かった人が優勝です。

❸グループを作り，できた作品を読み合い，みんなで「せーの・ドン」で優
勝者を決めます。

Point

　テーマが大事なので，はじめは教師が一斉に出したり，全員で考えたりす
るのがよいでしょう。慣れてきたら，グループで交代で出してもよいです。
10マス，20マス，30マスのプリントを作っておき，その時に応じてマス数を
選びます。同じテーマで字数を変えても面白いです。字数オーバーは原則認
めませんが，字数調整でひらがなで書いたり，わざと句点をつけたりするこ
とがあるので，ルールは事前に全員で話し合っておくようにします。

聞き方 話し方

5 「具体化」の指導

指導の概要とポイント

　「具体化」の指導は，相手の理解を第一に考えて，分かりやすい表現方法を使うことがポイントです。

①数字を入れる

　「すごく」とか「かなり」などの表現は，使う人によって受け取り方が変わり誤解を生じるので，具体的に数字で表した方がいいです。ただし，みんながイメージしにくい数字は，イメージしやすいものに置き換えて示すようにします。（例）10万平方メートル→○○公園の何個分

②固有名詞を入れる

　人の名前や場所の名前などを具体的に入れます。「公園で友達と遊んだ。」と言うより，「たかし君と平成公園で遊んだ。」と言った方が，聞く人も親しみを感じますし，分かりやすくなります。

③5W1Hを入れる

　内容によっては省略されることもありますが，「いつ」「どこで」「誰が」「何を」「なぜ」「どのように」「どうした」というのは，正しく情報を伝えるために大事になります。自分は分かってくれるだろうと思って話しても，相手は分からなかったり間違って認識されたりすることもあります。

④主語と述語を入れる

　5W1Hと同じように，主語や述語を省略したために，誤解されることもあります。

⑤エピソードを入れる

　エピソードを入れると，その姿がありありと浮かんできて，話し手の伝えたい事柄が映像で見るように分かりやすくなります。また，話も面白くなり，

聞く人を引き付けることができます。

⑥会話文を入れる

　会話文が入ると，様子が生き生きと伝わります。話に臨場感が出てきます。

⑦「例えば」を入れる

　みんながよく知っている物や場所，事例などに例えると，イメージがしやすくなります。

指導アイデア①　５W１Hで聞き出せ

指導の手順

❶ジャンケンをし，勝った人が新聞から写真がついた記事を１つ選びます。

❷負けた人は記事の写真だけを見て，記事の内容を友達から聞き出します。

❸時間が来たら，記事の内容を予想して話します。

❹２人で実際の記事を読み，予想と比べます。

Point

　聞き出す方は，メモをしながら聞きます。おおまかに５W１Hがとらえられていたら「合格」とします。

指導アイデア②　条件付きスピーチをしよう

　前述のような具体化のポイントを意識してスピーチの練習を行います。

指導の手順

❶スピーチの課題を出します。

　「数字を３つ入れて話しましょう」「友達の名前を３人入れて話しましょう」

　「エピソードを入れて話しましょう」「会話文を３つ入れて話しましょう」

❷発表の仕方のよかったところを出し合います。

Point

　教師も，会話やエピソードなどが入ったよさを価値づけます。また，聞き手にも，「数字が３つ入っているか，指を折りながら聞きましょう」などと指示すると，注意して聞く力が身につきます。

6 「要約」の指導

指導の概要とポイント

　会話やプレゼンなどでは，時間が限られています。伝える必要があることを短い時間で確実に伝えるには，要約力が必要になります。

　指導アイデアの実践をもとに，紹介していきます。

指導アイデア①　言葉説明ゲーム

　言葉を説明して相手に当ててもらうゲームです。

指導の手順

❶ペアを作ります。ジャンケンをし，負けた人が10個ほど提示された言葉を，相手にジェスチャーは使わないで言葉だけで説明して当ててもらいます。１分間にいくつ当てられたかを数えておきます。

　（例）熊本城　大谷翔平　ナポリタン　トマト　リコーダー　等

❷交替し，別に準備しておいた10個ほどの問題を説明してもらい，当てられた数を競います。

❸どのようにしたら説明が分かりやすくなるかを話し合います。

Point

　分かりやすく説明するには，はじめに大きなカテゴリーから説明します。例えば「トマト」なら，「やさい」とまず説明し，次に象徴する特徴である「赤い」「ケチャップ」などを示します。全体像を伝えてから個別の説明に入ると，１つ１つのつながりがはっきりイメージできて誤解が生まれません。

指導アイデア②　浦島太郎を説明しよう

　伝える相手も知っているような童話などを選んで行うとよいでしょう。

❶「浦島太郎」の説明に必要な言葉を選び，優先順位の高い方から並べます。

　（例）浦島太郎　助けたかめ　竜宮城　玉手箱

❷結論を決めます。

　（例）玉手箱を開けたらおじいさんになった。

❸結論に至るまでに必要な要素，理由，経緯を選びます。

　（例）いじめられていたかめを助けた。お礼に竜宮城につれていってもらった。竜宮城で楽しく過ごした。おみやげに玉手箱をもらった。帰ったら村の様子がすっかり変わっていた。

❹並べ替えて要約文を作ります。

　（例）かめを助けた浦島太郎が，お礼に竜宮城に行って，帰ったら村が変わっていて玉手箱を開けたらおじいさんになった。

Point

　結論に至るのに絶対に落とせないキーワードや理由を絞りこみます。50字程度にまとめてみます。

「情報整理」の指導

　「要約」指導と似ていますが，より複雑なものを伝えるのに欠かせないのが「情報整理」スキルです。情報を整理して自分の考えをまとめるためには，思考ツールを活用するのが便利です。

　例えば，意見を焦点化していきたい時はピラミッド・チャート（下図左），比較したり整理したい場合はマトリックス（下図中），分析したい場合はフィッシュボーン（下図右）などを使っていくことで情報が整理しやすくなります。

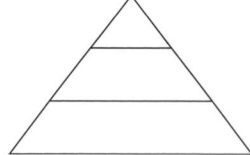 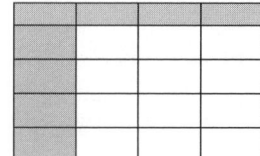 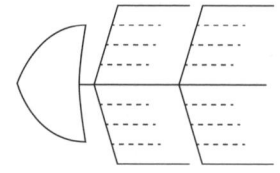

7 「構成」の指導

指導の概要とポイント

　話の構成については，一般的に「序本結」の三段構成が知られています。それぞれ「Introduction」「Body」「Conclusion」の頭文字を使って「IBC」です。それに，堀裕嗣（2016）は「Orientation（枕の工夫)」を加えて，「O-IBC 型」の組み立てを提案されています。

　他の様々な実践と考え合わせ，次のような組み立ての工夫をしてはどうでしょうか。

O…話の枕。（参加者の多くに共通するネタ，参加者が「そうだ」と思っている話，さっき遭遇したばかりの旬な話など。）

I…全体の概要を話す。（尾括型の構成もあるが，最初に結論を述べ，次にその理由を述べると，主張がはっきりする。）

B…詳細を話す。（具体例を述べる。1つでは弱いので2つくらいのエピソードを交えると，分かりやすく説得力のある話になる。）

C…詳細を受けてのまとめを話す。（聞き手に判断を投げかけたり誘ったり，もう一度主張をまとめて強調したりする。）

PREP 法も，上の「O-IBC 型」と同じような構成になります。

P OINT ＝ポイント，結論→R EASON ＝理由
→E XAMPLE ＝事例，具体例→P OINT＝ ポイント，結論の繰り返し

　なお，Body で詳細を話す場合は，後述する「ナンバリング」や「ラベリング」を使って話すのが分かりやすいです。

指導アイデア①　どっちが好き？スピーチ

　2つのものを比べて，どっちが好きかの理由を示しながら主張します。

指導の手順

❶グループを作ります。比べるもののカードを10枚くらい作り，それぞれが
　カードを引いて，話すテーマを決定します。

　（例）犬と猫　晴と雨　夏と冬　春と秋　りんごとみかん　等

❷発表のために，それが好きな理由をメモします。（理由の数は実態で決め
　ますが，低学年１つ，中学年２つ，高学年３つを目指したいです。）

❸交替で発表し，聞き合います。

❹好きな理由が一番分かりやすかった人を選び，その理由を交流します。

Point

　オリエンテーションの練習はできませんが，IBC型の練習ができるので，
自分の意見の主張の仕方，理由の選択，話し方などを意識して練習をします。

指導アイデア②　あなたもスーパーセールスマン

指導の手順

❶セールスマンになって，その商品がない国で商品を売るためのプレゼンテ
　ーションをするという設定で，おすすめのポイントを考えます。

❷商品や商品を描いた紙を持って，その商品のよさをプレゼンします。

　C　こんにちは。皆さん，今日も暑かったですね。こう暑いとクーラーを
　　持ち歩きたくなります。でも，それもできないので，今日はこれをお持
　　ちしました。扇子といいます。これは，素晴らしい商品です。まず１つ
　　目に…。2つ目に…。このように…。

❸発表の内容や発表の仕方のよかったところを出し合います。

Point

　オリエンテーションも入れられます。おすすめポイントを強調するために，
どういった内容や話し方がよいかを考えてプレゼンするようにします。

8 「ナンバリング」「ラベリング」の指導

指導の概要とポイント

　ナンバリングとラベリングは，話したいことを整理して話すための技術です。ひとかたまりの主張に通し番号をつけることを「ナンバリング」といい，ひとまとまりの主張を短文やキーワードにまとめ上げることをラベリングといいます。例を挙げると，

私が秋が好きな理由は３つあります。

１つ目は，紅葉などで景色がとてもいいということです。…

２つ目は，秋はおいしい食べ物がたくさんあるということです。…

３つ目は，楽しみな行事がたくさんあるということです。…

　この「１つ目は，２つ目は，…」がナンバリング，「景色，食べ物，行事」がラベリングです。

　この技術を使って話すと，聞き手も何をどれだけ聞けばよいかの見通しを持てるので，安心して話を聞くことができます。

　ナンバリングとラベリングは，授業の発表等でも活用する場面が多くあるので，機会を利用して使う練習をさせたいものです。

指導アイデア①　３つありますスピーチ

　子供たちに感想や意見を発表させると，１文であっという間に終わったり，ダラダラとまとまりのない話になったりすることがよくあります。そこで「３つあります」と最初に言って話すように決めておいて話させます。

指導の手順

❶ダラダラと話す場合とナンバリングとラベリングを使って話す場合のモデ

ルを教師が示し，どちらが内容が聞き取りやすいかを感じさせます。

❷例えば「運動会で頑張ったこと３つ」「観察をして分かったことを３つ」などのテーマを与え，キーワードを３つ出させたり，それをもとに話を練習させたりします。

❸グループやクラスで発表会をします。聞く方も，「１つ目は…，２つ目は…」と指を折りながら聞くようにします。

| Point |

型が決まっているので，子供たちは落ち着いて話すことができるようになります。様々な場面で「３つあります」とまとめさせていきます。

指導アイデア②　私の好きなもの紹介

| 指導の手順 |

❶ペアを作ります。そして，２人に５枚のカードを渡します。５枚には「食べ物」「遊び」「教科」「動物」「色」などのテーマを書いておきます。

❷ジャンケンをして，勝った方からカードを１枚ずつ引きます。

❸自分が引いたテーマについて，「３つありますスピーチ」の要領で話す内容を整理し，発表の練習をします。好きなものの理由を必ず付け加えるようにします。

> 私の好きな動物は３つあります。１つ目はねこです。どうしてかというと，家でも飼っているし，自分からすりよってきてかわいいからです。２つ目は，パンダです。どうしてかというと…。

❹交代で発表します。聞き手は聞いた後に，賛成意見，反対意見，話し方への感想の３つについて発表してもらうことを事前に告げておきます。聞いた感想も「３つあります」でお互いに発表します。

| Point |

話すテーマは，子供たちの実態で工夫をして決めていきます。友達の発表をただ聞くのではなく，３つの視点を持つことで注意深く聞きます。

9 「応答関係の活用」の指導

指導の概要とポイント

　「応答関係の活用」とは，話し手と聞き手の間に，質疑応答の関係を作りながらスピーチをする技術です。応答関係を取り入れたスピーチを行うと，子供同士の横のつながりが生まれてきます。そして，人間関係作りにもとても役立ちます。

　菊池省三（2012ｂ）は，次のような活動を例示し，その中から子供たちができそうな活動を選ぶようにされています。

　・相手の意見を求めて自分の考えを話す

「○○さんは友達からしてもらってうれしかったことはありませんか？」

　・相手に問いかける

「ぼくはサッカーが好きですが，皆さんは好きですか？」

　・クイズにする

「私の好きな動物は，犬，猫，うさぎのうちどれでしょう？」

　・スピーチの後に要点を聞く

「○○さん，私がお願いしたいことは何だったと思いますか。」

　ただ，あまり応答関係が多くなるとクイズ大会のようになってしまいますので，スピーチの長さによって，質問は何回使ってよいかなどを決めておきます。また，応答に対してしっかりと反応してくれるクラスの雰囲気作りができていると，話が盛り上がります。「聞き手が話し手を育てる」ということを伝えるとともに，積極的に手を挙げて答えようとしている子供をほめて，聞き手も育てていくようにしたいものです。

　聞き手に質問する方法には大きく３つあります。

┌───┐
│ (1)聞き手全員に質問する方法　…話に集中させたい時   │
│ (2)順番に聞き手に質問する方法…たくさんの意見が欲しい時   │
│ (3)指名して質問する方法　　　…きちんと答えてくれそうな聞き手がい   │
│ 　　　　　　　　　　　　　　　　　る時   │
└───┘

内容や場の状況に応じて，どの方法を使うか考えていくようにします。

指導アイデア①　私の好きなこの一句

指導の手順

　教科書には，季節ごとに俳句や短歌が載っています。鑑賞をした後，自分が一番好きな俳句や短歌を選び，どうしてそれが好きかを発表します。

❶応答関係を使ったプレゼンテーションの仕方を学びます。

┌───┐
│ （例）行水の捨てどころなし虫の声　　　上島鬼貫   │
│ ア　質問する　　　　　　　　「皆さんは，秋の夜の虫の声を聞いてど   │
│ 　　　　　　　　　　　　　　う思いますか。」   │
│ イ　答えを真剣に聴く   │
│ ウ　答えを繰り返す　　　　　「なるほど。○○と思うんですね。」   │
│ エ　答えをほめる　　　　　　「とてもいい意見だと思います。」   │
│ オ　答えに対して意見を言う　「私は，これまで虫の声を何とも思って   │
│ 　　　　　　　　　　　　　　いませんでした。でも…」   │
└───┘

❷自分で好きな俳句や短歌を選び，練習をします。

❸グループで，応答関係を入れた「私の好きな一句」の発表会をします。

Point

　この練習ではプレゼンを質問から入りますが，話の途中でも使えることを例を挙げて説明します。プレゼンテーションの中で1回だけ使うと使用を限定し，聞き手に何を尋ねると一番効果的かを検討して使うようにさせます。

10 「ショウ&テル」の指導

指導の概要とポイント

「ショウ&テル」とは，友達に見せたい物や聞いてほしいことを，実物を見せたりしながら時間内で紹介する簡単なスピーチのことです。北米やオーストラリアなどで，小学校低学年を中心に行われています。

分かりやすい話をするためには，話す内容や話す声だけでなく，非言語の部分の話す態度も重要になります。目線や表情，ジェスチャーなどを意識することで，話の見える化を図ります。それと同じように，「具体物を使って話す」「黒板や図・表を使って話す」「実演を取り入れて話す」「一人二役で話す」なども，態度に含めて話し方に取り入れていってはどうでしょうか。

指導アイデア①　私の宝物を紹介しよう

実物を使って，聞き手を引き付けるスピーチです。

指導の手順

❶みんなに紹介したいものを選ばせます。話に必要なものは，絵に書いたり写真を撮ったり，実物を持ってきたりしてもいいことを伝えておきます。

❷話す内容や実物の見せ方を考えさせます。内容は宝物の紹介とどうして宝物なのかを入れること，見せ方はいつ，どのように見せるのかを考えます。

❸実物を使ってスピーチをします。

❹質問タイムを行います。

Point

実物は，しっかり見せるようにします。そのために，見せ方を工夫します。また，応答関係のスキルが有効なことをアドバイスするとよいでしょう。

指導アイデア②　私の得意なこと

　実演を入れることで，様子を詳しく伝えるスピーチです。

指導の手順

❶みんなに紹介したいことを決めます。発表の方法として，実演できること
　は実演を入れてもよいことを伝えておきます。
❷話す内容や実演の入れ方を考えさせます。内容は得意になったきっかけや
　上手にできるコツを入れること，実演は長くなり過ぎないことを伝えます。
❸実演を入れたスピーチをします。
❹質問タイムを行います。

Point

　実演の内容や見せる場所により，どのように実演すれば効果的かを考えさ
せます。実演の練習もしっかりとさせておきます。

指導アイデア③　私のおもしろかった話

　一人二役で再現し，エピソード，ユーモアを入れられるスピーチです。

指導の手順

❶一人二役をしている落語の動画を見せ，一人二役のイメージをもたせます。
❷友達や先生，親子のやりとりなど，一人二役が使える場面を考えます。
❸二人の会話の場面を入れたスピーチの内容を考えます。
❹一人二役のスピーチを行います。
❺感想交流を行います。

Point

　演技が得意な子供がいるので，そういった子供のよさを価値づけて認めて
いくと周りの子供も上手になってきます。
　また，落語の動画を見ると，話す際の顔の表情，声の調子，身振り手振り
の効果も実感できます。このスピーチを行う中で，身振り手振りや表情など
も意識して話すように指導すると聞き手に与える印象が強くなります。

Chapter 3

学年別
コミュニケーション・
トレーニング
45

1 言葉あつめゲーム／新しい漢字を覚えよう

●対象学年▶1年　　●実施時期▶9月～

つけたい力	語彙力，即興力
活用したい「聞き方」	傾聴
活用したい「話し方」	具体化

トレーニングのねらいとポイント

　自分の伝えたいことを相手に的確に伝えるためには，語彙力が重要になります。毎日の生活の中で，意図的に語彙力を高めていきます。

トレーニングの手順

【言葉あつめゲーム】
❶ひらがなが書けない時期は，そのひらがなから始める言葉を次々に発表させて教師が板書する
T　「い」から始まる言葉を言いましょう。
C　いか
C　いるか
C　いぬ
❷ひらがなを大体覚えた時期になったら，自分で考えてノートに書き，発表し合う
❸慣れたら，グループで話し合って言葉を集める
T　グループに紙を1枚配ります。その紙に，グループで話し合って，「い」で始まる言葉をたくさん出し合って書いてください。書くのは1人です。

> 入学してすぐは，子供はひらがなが書けません。この時期は，たくさん話させて言葉を蓄積させてあげるようにしましょう。
> 字が書ける実態をとらえ，時期によりやり方を変えていきます。
> 話し合う力につなげられるように，グループ学習も入れていきます。個数のみでなく，内容を認めることで，子供は見つける視点を獲得していきます。

72

たくさん見つけたグループが優勝です。

【新しい漢字を覚えよう】

❶発表の準備をする

　新出漢字を子供に１つずつ割り振りま
す。そして，教科書や漢字のドリルなど
を使って調べさせ，画用紙に書かせます。

❷書いた画用紙を示しながら新出漢字を
**　指導させる**

　教師は，事前に間違いがないかチェッ
クし，発表が正しくできるように指導しておきます。

C　私の方を向いてください。私が教える漢字は
　「〇」です。画数は〇画です。読み方は〇です。
　使い方は〇〇です。注意するところは〇です。手
　を挙げてください。一，二…（空書きをさせる）。
　これで終わります。

❸使い方や注意点について教師が付け加えを行うこ
**　とで，語彙が増える**

T　この漢字の部首は何ですか。同じ部首の漢字を
　言ってください。他にどんな使い方を知っていま
　すか。訓読みで何と読むでしょう。

❹最後に，全員のノートのチェックをする

春 ⑨	
はる	シュン
春休み	春分の日

◀ 国語の時間のはじめ15
　分くらいを使います。

◀ 私は，漢字は前倒し学
　習をやっています。上
　巻の漢字は５月に，下
　巻の漢字は９月に終え
　るようにしています。

◀ ここが語彙を増やすポ
　イントです。習ってい
　ない熟語や部首なども
　教えます。自学にもつ
　なげます。

評価のポイント

　たくさん見つけた子供，新たな視点で見つけている子供，学習したことを
活かしている子供などを取り上げてほめていくようにします。レベルを上げ
て，食べ物にするとか３文字にするとか限定すると面白いです。

あいさつきょうそう／あいさつパワーアップ週間

●対象学年▶１年　　●実施時期▶４月〜

つけたい力	思いやり力，即興力
活用したい「聞き方」	ミラーリング，ペーシング
活用したい「話し方」	笑顔

トレーニングのねらいとポイント

　あいさつは，人と人とが話すコミュニケーションの基本となります。あいさつをすることで，相手にいい印象を与え，人間関係がよくなります。また，会話のきっかけになります。自分や相手の緊張もほぐすことができます。

　メラビアンの法則というものがあります。相手に与える印象として「外見・態度・表情」が音声や話の内容より大事だということです。そこで，

> お…大きな声で
> は…ハキハキした声で
> よ…よい笑顔で
> う…美しい姿勢で

の４つに気を付けてあいさつをするように心がけます。

トレーニングの手順

❶あいさつの意味ややり方について説明する

　年度初めに，まずはあいさつの大切さやポイントを伝えます。あいさつのポイントは，上の４つを使うとやりやすいです。

◀ 「自分から」「顔を見て」も入れるといいです。

❷「あいさつきょうそう」を行う

T 「おはようございます」を皆さんが先生より先
  に言うと，皆さんの勝ちになります。先生が先に
  言うと，先生の勝ちになります。皆さん協力して，
  先生に勝ち越すように頑張ってください。

❸慣れてきたら，パワーアップ週間を実施する

　週ごとに１つずつ，次のようなテーマを設けて，
徐々にあいさつの力を高めていきます。

(1)「あいさつ＋一言」週間

　あいさつができるようになったら，「おはよう。
いい天気だね」など，一言加えてみるようにします。

(2)「どうぞ，ありがとう」週間

　よく行われている取り組みですが，プリントなど
を配る時に言うように呼び掛けます。

(3)「返事バトル」週間

　「はい」でなく「はいっ」と小さな「っ」をつけ
て返事をします。タイミングと大きさを教師対子供，
子供同士で競わせます。

(4)「10人にあいさつ」週間

　10人以上あいさつできたかを帰りに調べます。

(5)「いろいろな人にあいさつ」週間

　家族，他の学年の人，地域の人，家族などにあい
さつをして，誰にできたかを出し合います。

◀ 教師より先に言うよう
に子供たちもかくれた
りして工夫します。わ
ざと負けたり，逆に裏
をかいたりすると，子
供たちも盛り上がりま
す。

◀ 気候のこと，今日の予
定，ほめ言葉など，う
れしかった一言を紹介
し合うと語彙が広がり
ます。

◀ 私はクラスに「小さな
めあて係」を作ってい
ます。係の子供たちが
めあての達成に向けて
呼びかけたり，帰りに
振り返りをやったりし
てくれます。係の活動
に入れておくと，毎日
忘れずに振り返りがで
きます。

評価のポイント

　「あいさつきょうそう」では，朝の会で毎日勝った人は何人か調べます。
ずっと続けるとマンネリ化するので，期間を区切り，少しあいさつが緩んで
きたなと思う頃に計画的に行うと効果的です。

| 低学年 | 中学年 | 高学年 | | 日常・帯時間 | 特設単元 | 学習指導 |

③ しつもんタイム

●対象学年▶1年　　●実施時期▶9月〜

つけたい力	質問力
活用したい「聞き方」	質問
活用したい「話し方」	応答関係の活用

トレーニングのねらいとポイント

　子供たちは，同じクラスの友達でもお互いのことはあまり知らないものです。意図的に交流する機会を作らないと，何か月も一緒に過ごしているのに話したことがないという子供たちもいます。また知っていたとしても，その子の一面的な部分しか分かっていないことも多いものです。

　子供たちのトラブルも，多くはお互いのことが分かっていないことが原因にあることが多いです。朝のしつもんタイムを行うことで，お互いのことが多面的に分かり，温かい人間関係を築くことができます。

トレーニングの手順

❶質問ができることの大切さやしつもんタイムの意味について説明する

　実践を始める際に，次のことについて子供たちと話し合います。

- ・友達と話をする際に，質問ができることが相手とつながるために大事であること。
- ・相手の話を深く理解するためには質問することが必要であり，「聞くことと質問することはセ

活動を行う際には，価値のインストラクションが大事になります。その活動を行うことで，自分にとってどんないいことがあるのかを感じさせ，やりたいということを自分で決定することで，積極的に取り組む態度が育ちます。

ット」であること。

・しつもんタイムを行うことで，友達のいろいろ
な面が分かり，そのことが仲良くなり，相手へ
の思いやりをもつことにつながること。

❷朝の会の時間を使い，日直に対してしつもんタイ
ムを行う

やり方は様々ありますが，私が低学年のクラスで
行っていたやり方を紹介します。

(1)日直が前に立ち，司会者が指名をする。

(2)挙手をして質問をする。日直は質問に答える。

(3)5〜6人したら拍手をして終了する。

❸慣れてきたら，しつもんタイムをもっとよくする
ためにどうしたらいいかについて話し合う

しつもんタイムを行っていくと，質問の内容や発
表者，聞き方などで課題が出てきます。そのことに
ついて話し合います。

・どのような質問がいい質問か。

・どうしたらみんなが質問ができるのか。

・答え方はどうしたらいいか。

◀ 子供の実態や指導のス
テップで，何人発表し
てもらうかを決めます。
男女交互に3人ずつな
ども考えられます。

◀ 「質問は誰にでもでき
る」「質問するのが相
手への礼儀」と子供た
ちには言っています。
手を挙げるチャンスに
なります。

◀ 定期的に活動を全体で
振り返り，自分たちで
もっとよくしていこう
という意識をもたせま
す。

評価のポイント

このトレーニングを行う一番の目的は，お互いのことをよく知ることです。
しつもんタイムを行うことで，子供たちの多様な面が引き出されているかを
大事にします。

そのため，その子らしさを引き出した質問や，その子のことを詳しく深め
ていく質問などができるように，よかった質問をその都度取り上げて，なぜ
よかったかの理由も入れながら指導をしたり，計画的に質問の仕方を指導し
たりしていきます。

4 ほめ言葉のシャワー

●対象学年▶1年　　●実施時期▶6月〜

つけたい力	思いやり力
活用したい「聞き方」	傾聴
活用したい「話し方」	具体化

トレーニングのねらいとポイント

　「ほめ言葉のシャワー」とは，一人一人のよいところを見つけ合い，伝え合う活動です。菊池省三氏の実践で有名です。この活動のねらいは，大きく3つあると考えられます。

　①子ども同士の関係がよくなり，温かい人間関係を育てる。
　②よさを見つける観察力，温かい言葉で伝える表現力を育てる。
　③「成長」を意識した学級文化を育てる。

　実践のポイントは，継続と称賛です。
　時間の確保は必要ですが，ある程度継続することで成果が表れます。また，温かい人間関係を育てる時間なので，よさを称賛しながら温かい雰囲気で行えるように気を配ります。

トレーニングの手順

❶やり方と活動の意義や価値を説明する

　以下に示すようなやり方を大まかに説明し，その活動にどんな意義や価値があるかを説明します。

❷日めくりカレンダーを描く

自分が主役（発表される人）になる日のカレンダーをかきます。日にちと曜日，名前，行事やどんな日か，みんなへのメッセージなどをかきます。

❸帰りの会で，主役の子供が前に出て，みんながその子のその日のよかったことを発表する

　具体的なやり方は，学年や時期，子供の実態によって変わります。

　私の場合，はじめは挙手し発表としますが，だんだんと自由起立発表にしていきます。

　発表の仕方は，事実＋価値づけでしていくように指導します。できるだけ，その日に見つけた事実について具体的に話すようにします。

（例）

「今日，佐藤君は体育でドッジボールをしている時に，遠くに行ったボールを自分から取りに行っていました。人まかせにせず『自分から』という行動が身についている佐藤君は，１学期より大きく成長したと思います」

❹教師が主役の子供のよかったところを発表する

　教師の話は，他の子のモデルにもなるので，しっかりと見つけておいて伝えます。

❺主役の子供が，お礼のスピーチをする

　はじめは短くてもよいことにします。だんだんと「３つあります」等の話ができるようにします。

| 主役が誰かを一日意識できるようにします。 |
| 一日に何度も「もう見つけたか」を尋ねると，見つけようという意欲が湧きます。 |
| 授業での発表の仕方とつなげて，やり方を工夫します。 |
| 発表の仕方や話の聞き方については，一巡するごとにみんなで話し合い，もっとよい「ほめ言葉のシャワー」になっていくように意識を高めるようにします。 |
| 教師がまずほめることです。学級に，よさを認め合う雰囲気を作っていくことが大事になります。 |

評価のポイント

　その子ならではのほめ言葉，細かく見たほめ言葉，工夫した話し方などのよさを認め励まします。よい聞き方の子供もしっかりと認めていきます。

5 3択日直クイズ

●対象学年▶1年　　●実施時期▶6月〜

つけたい力	思いやり力
活用したい「聞き方」	傾聴
活用したい「話し方」	笑顔

トレーニングのねらいとポイント

　p.76でしつもんタイムについて紹介しましたが，しつもんタイムの代わりに日直に自分に関するクイズを出してもらう活動も考えられます。これは，クラスの友達のことについて知るという目的は同じですが，相手に対して話す活動，傾聴して聞く活動を高めるために有効な活動になります。どちらを続けて行うかは，クラスの実態やつけたい力によって選べばよいでしょう。

　ポイントとしては，クイズを行う中で話し手には笑顔やアイコンタクト，話し方などを指導し，聞き手には傾聴の技能を指導していくことです。クイズの正解の発表の後に，それについてのエピソードを付け加えて話してもらいます。クイズを出した後だと，場も温まっており，話しやすいようです。最後のエピソードを話すために，逆に考えてクイズもどのように出したらよいかを工夫するようになります。

トレーニングの手順

❶事前に日直クイズの準備をさせる

　事前に，該当の子供に準備をさせておきます。前日に個別に呼んで，内容や話し方について指導をしておきます。

> なかなか話せない子供には，事前に指導しておくことで安心して話すことができます。

❷朝の活動の時間に３択で始まるスピーチをさせる

C　私がこの前の日曜日に買ったものは何でしょう。◀

　　　１番　ふく

　　　２番　くつ

　　　３番　ぼうし

❸何番が正解と思うか，手を挙げさせる

　慣れてきたら，何人かに当てて，そう思う理由を
言ってもらいます。

C　１番だと思う人は手を挙げてください。…

C　どうしてそう思ったのですか。○○さん。

C　２番だと思う人は…

❹正解を伝え，それについてのエピソードを話す◀

C　正解は３番です。私は，この前の日曜日にお母
　　さんと買い物に行きました。はじめは，かわいい
　　服が欲しかったのですが，なかなかなくて探して
　　いたら，かわいい帽子があったので，それを買っ
　　てもらいました。かわいいのが買えてよかったで
　　す。

> ３択クイズにすること
> で話し手には話すきっ
> かけとなり，聞き手に
> は話を聞く視点になり
> ます。

> 理由を聞くのは省いて
> もよいです。学級の実
> 態によって変えていき
> ます。

> ３択クイズを出した後
> なので話がしやすいよ
> うです。聞き手も話題
> について予想ができて
> いるので，興味をもっ
> て聞こうとします。

評価のポイント

　まずは，クラスの友達のことを知りたいという温かい雰囲気ができたかを
大事にします。話し手のポイントは，笑顔でみんなの方を向いて話ができた
か，聞き手のポイントは内容を聞き取ることができたかです。教師が，エピ
ソードの内容について聞き手に質問してみると，何が聞き取れていて，何が
聞き取れていないかが分かります。

⑥ 校長先生のお話クイズ

●対象学年▶1年　　●実施時期▶4月〜

つけたい力	傾聴力
活用したい「聞き方」	キーワード
活用したい「話し方」	要約

トレーニングのねらいとポイント

　学校では，様々な集会が行われ，その中にはたくさんの大事な話があります。本トレーニングでは，大事な話の中のキーワードを聞き逃さないように聞く力をつけることをねらいます。また，そういった機会を生かして，話を聞くだけでなく，聞いたことを誰かに伝える活動を行うことで，さらに聞いたことが整理されます。まさに一石二鳥です。

　また，集会後に繰り返し行うことで，子供たちも，集会の時に大事なことは何かを考えながら聞こうという意識を高めることができます。

　前半は，クイズ形式で教師が問題を出していきます。話のポイントを3つくらいにまとめた後，後半は聞いたことをペアに伝える練習を行います。

トレーニングの手順

❶校長先生のお話クイズを行う

　集会が始まる前に，校長先生のお話クイズをすることを子供たちに伝えておきます。

　教室に帰ったら，集会での校長先生のお話についてクイズを行います。

　（クイズの例）

校長先生のお話の他にも，いろいろな人の話があるので活用します。

「校長先生の好きなヒーローは誰でしょう」

「校長先生が言われた２学期に頑張ってほしいことの３つは何だったでしょう」

「どんなことが失敗だと言われたでしょう」

❷校長先生のお話をいくつかにまとめて提示する

子供と対話しながら，話のポイントをいくつかにまとめて黒板に提示します。

（例）　１　今年の一字　「学」

　　　　２　目ひょうをもってがんばる

　　　　３　一日一日を大せつにする

❸黒板のメモを見ながら，ペアで今日の校長先生のお話がどんなお話だったかを話す

ペアを作り，ジャンケンで話す順番を決め，交代で話すようにします。

Ｃ　校長先生のお話は，１つ目は今年の１字は「学」というお話をされました。勉強はもちろん，生活の中でもいろいろなことを先生や友達から学ぶことが大事だと話されました。２つ目は，…。

> クイズは，子供の実態に応じて，３択にしたり，数を示して出させたり，穴埋めにしたりなど工夫をすると盛り上がります。

> キーワードとなる言葉を可視化します。番号を打っておくと，ナンバリングやラベリングを使って話す指導にもつながります。

> 子供の実態に応じて，板書をもとに話す練習を行います。低学年では，❷までの活動で十分な場合もあります。

> いくつかにまとめておいて，「１つ目は…，２つ目は…」「はじめに…，次に…」などの言い方で話すことも経験させていきます。

評価のポイント

校長先生のお話クイズでは，何人かに発表させるのではなく，簡単に書かせた後に発表させたり，ペアやグループで答えを確かめ合ったりするなど，できるだけ全員が参加できるように工夫するとよいでしょう。

集会や行事などでは，その集会や行事の目的を事前にしっかりと理解させておき，その上で，目的に応じてどの言葉が大事でキーワードになるかを，クイズを通して考える経験を積んでいきます。目的をしっかり押さえた上で，キーワードは何か，内容をまとめるにはどのことを落としてはいけないかを考えられているかを評価していきます。

7 「イエス」「ノー」ゲーム

●対象学年▶1年　　●実施時期▶9月〜

つけたい力	質問力
活用したい「聞き方」	質問
活用したい「話し方」	具体化

トレーニングのねらいとポイント

　質問を通して，p.36でも書いた「情報のレベル」への意識を養っていくトレーニングです。低学年には難しいので，具体例を示しながら，質問のこつについて事前に学習をします。また，5W1Hを使って質問をすると便利であることも，分かりやすい言葉で教えていくとよいでしょう。子供たちはクイズが大好きです。まずはクラス全体で行って，やり方が理解できたらグループやペアで行うと，話したり聞いたりする活動を増やすことができます。

トレーニングの手順

❶質問の仕方のこつについて話し合う

T　何の動物かを当てるゲームをします。でも，答える人は「イエス」か「ノー」だけしか答えられません。動物はたくさん種類がいます。「ゾウですか」「キリンですか」と名前を言っていてもなかなか当たりません。どんな質問をしたら，答えが見つかるでしょう。みんなで考えてみましょう。

C　暑いところに住んでいるかを聞けばいいと思います。

◀ 情報のレベルを可視化するために，図で表します。子供と話し合いをしながら，図にまとめていきます。

◀ 質問する際は，細かいことを尋ねる質問からでなく，大きな範囲を尋ねる質問からしていくとよいことを知らせます。

T 逆に,「寒いところに住んでいます
　か」も聞けますね。
C 何を食べるかは聞けないので,「肉
　を食べますか」と聞けると思います。
T 例えば,寒いところに住む動物なら,
　あざらしやしろくま,ペンギンなどと
　絞れますね。このように,何を食べる
　か,どこに住んでいるか,どんな特徴
　があるかなどを聞いていくといいですね。

❷教師と子供の代表でモデルのゲームをやってみる
ア 2人でジャンケンをして,「クイズを出す人」
　と「答えを当てる人」を決めます。
イ 問題の種類を2人で決めます。
（問題の種類の例）
・動物　・クラスの人
・教室にあるもの　・食べ物
ウ クイズを出す人は,答えを紙の裏に書いておき
　ます。
エ 答えを当てる人が質問をし,クイズを出す人は
　「イエス」「ノー」だけで答えます。
オ 答えが当たるか,降参をしたら交代をします。
❸ペアでゲームをする
❹振り返りを行う

◀ 「なに」「どこ」「どん
な」などを考えるとよ
いことを,具体的な質
問の例を出しながら教
えます。

◀ 問題の種類は,子供の
実態に合わせて5・6
個書いて選ばせると考
えやすくなります。

◀ 何回質問をしたら終わ
りかを決めておくと時
間がかかりません。

◀ どのような質問がよく
分かったかを振り返り,
質問する際には「な
に」「どこ」「どんな」
などの質問が有効なこ
とに気付かせます。

評価のポイント

　低学年では,ゲームのルールが分かり,質問を工夫しているかを評価しま
す。中,高学年で行う場合は,できるだけ少ない質問で答えを見つけられる
ような質問ができたかを評価します。

8 あじゃじゃおじゃじゃゲーム

●対象学年▶1年　　●実施時期▶6月〜

つけたい力	即興力
活用したい「聞き方」	ミラーリング
活用したい「話し方」	アイコンタクト

トレーニングのねらいとポイント

　菊池省三・池亀葉子他（2015）の実践をアレンジしたものです。

　低学年は，身体表現も比較的恥ずかしがらずに楽しく行うことができます。ジェスチャーゲームを行うのも非言語コミュニケーションを学ぶのに有効ですが，それに言葉も加えると，また違った面白さがあります。このゲームでは，「あじゃじゃ」と「おじゃじゃ」しか話せないようにします。そこで，声の強弱や抑揚，スピードを工夫して，それらしく伝えることが必要になります。また，分かりやすいジェスチャーを工夫することも大事になります。

　子供には，大きく次の3つのポイントを示します。

(1)話の内容と身振り手振りを合わせよう
　　数字，方向，形，大きさなどを指や手の動きで表しましょう。
(2)今より5倍大胆に表現しよう
　　何をしているかが分かるように，大きく，はっきりと見せましょう。
(3)顔の表情，声の調子も変えよう
　　体と顔と声のセットで伝えましょう。

トレーニングの手順

❶大まかなゲームのやり方を知る

Ｔ　今から，「あじゃじゃおじゃじゃゲーム」をします。

　　まずペアを作って，カードを引いてもらいます。そのカードには，相手にどんなことを伝えるかが書いてあります。自分たちが何をしているかを，ジェスチャーや声を使って，他の友達に伝えます。ただし，声は１人は「あじゃじゃ」，もう１人は「おじゃじゃ」しか使えません。言い方や顔の表情を工夫してください。

❷教師と代表の子供でモデルをして見せる

❸ペアを作り，何をするかカードを引く

　（カード例）

　　・とても疲れていて，席を代わってもらいたい

　　・おなかがすいていて，パンを半分もらいたい

　　・テレビの番組のチャンネルを替えたい

　　・ゲームをしていて，交代してほしい　等

❹どのようにするか話し合って練習をする

❺違うペアとお互いに見せ合って，何をしているかを当ててもらう

❻代表のペアの発表を見て，よさを出し合う

> ゲームの名前だけでは，どんなゲームか分からないので，はじめに大まかにゲームのやり方を知らせます。

> 表現が豊かなモデルの子供を使い，やり方や面白さが分かるようにします。

> 何枚かカードを作っておき，それを引いて決めるようにします。すぐ終わらないように，相手はなかなか譲らない設定にします。

> 前述の３つのポイントを示し，練習で意識させるようにします。

> 上手なペアを見つけておいて，全体で紹介するようにします。

評価のポイント

　練習や話し合いで，協力して行えているかを見ていきます。そして，よくできているペアのよさをその場でほめていきます。特に，声や表情を工夫しているところのよさを紹介するようにします。

9 聞き出そう！好きなもの

●対象学年▶1年　　●実施時期▶6月〜

つけたい力	質問力
活用したい「聞き方」	質問
活用したい「話し方」	笑顔

トレーニングのねらいとポイント

p.44で紹介したように，質問にはクローズドクエスチョンとオープンクエスチョンがあります。今回は，クローズドクエスチョンの練習です。

また，好きなものを速くたくさん聞き出すためには，相手のことを考えなければなりません。人によっては答えにくい質問もあるかもしれません。まず，「はい」「いいえ」で答えられる質問があること，相手のことを考えて答えやすい質問をすることが大事なことを意識させて，この活動に取り組むとよいでしょう。

トレーニングの手順

❶ペアを作り，ゲームのやり方を知る

やり方は，次のように説明します。

(1)ジャンケンで質問する人と答える人を決める。

(2)質問をする人は「〜は好きですか」と質問する。

(3)答える人は「はい」か「いいえ」だけで答える。

(4)3分間行い，「はい」と言った数を数える。

❷教師と代表の子供でモデルをして見せる

T　先生と○○さんとでしてみます。

> 大事な約束として，正直に答えるように共通理解をしておきます。うそをつくことで，みんなが嫌な気持ちになることを理解させます。

T　算数は好きですか。

C　はい。

T　○○さんは好きですか。

C　……。

T　「誰々は好きですか」はどうだろう。よくない
　　ね。誰かに失礼になる質問はしないでおこう。

❸ペアでゲームを行う

❹役割を交代してゲームを行う

❺振り返りを行う

T　「はい」の数を教えてください。……○○さん
　　に拍手をしましょう。たくさん質問できた人は,
　　そのこつを教えてください。

C　「これは好きかな」と相手のことを考えて質問
　　をしました。

T　相手のことを考えて質問をすると,質問をする
　　方もされる方も楽しいですね。

◀　やり方は,実際に教師と代表の子供とモデルの対話をすることで理解しやすくなります。中にはふざけて失礼な質問をする子供もいるので,相手に失礼のない質問をすることを言います。

◀　振り返りでは,数を聞いて活動の評価をします。また,相手のことを考えて質問をすることの大切さを確認しておきます。

評価のポイント

　1時間単位で活動を行う際は,このゲームを繰り返し行うことができます。
ペアを変えて,繰り返し行うといいでしょう。

　質問をする人も答える人も,テンポよく話ができれば合格とします。

　慣れてきたら,「どうしてですか?」とオープンクエスチョンで理由まで
聞いて,それを数えるようにしてもよいでしょう。

　テーマも,子供たちの実態を見ながら変えていきましょう。

(テーマの例)

・こわいもの　　　・好きな遊び

・好きな食べ物　　・好きな動物

・行きたい場所　　・得意なこと　　等

10 じゃんけんトーク

●対象学年▶1年　　●実施時期▶6月〜

つけたい力	思いやり力
活用したい「聞き方」	質問
活用したい「話し方」	アイコンタクト

トレーニングのねらいとポイント

　クラスの中には，一緒に過ごしてはいても，あまり話をしたことがない友達もいるものです。友達のことを知ることで，仲良くなれるし，トラブルも減らすことができます。ゲームを通して，いろいろな相手と話をするきっかけを作りましょう。

　ジャンケンは誰でも知っていて，準備なしですぐにできます。ジャンケンを使ったいろいろなゲームを知っておくと，少しの隙間時間でも子供同士の交流ができます。このゲームは，できるだけあまり話したことのない人と話すのが目的です。何も言わないと子供たちは仲のよい子とだけ話そうとしますので，様々な条件を付けて，いろいろな人と話ができるようにします。

トレーニングの手順

❶代表の子供と実演しながら，やり方を説明する

T　相手を見つけて「よろしくお願いします」とあいさつをします。ジャンケンをして，勝った人から先に質問を1つします。

T　好きな食べ物はなんですか。負けた人は，その質問に答えます。

> 説明だけではなかなか理解できない子供も多いので，実際に代表の子供と一緒にやりながら説明をします。質問や答え方もよいモデルになります。

C 私は，いちごが好きです。

T 次は，負けた人から質問をします。

C ピーマンは好きですか。

T 勝った人は，質問に答えます。はい。あの苦さ
が大好きです。

T 終わったら「ありがとうございました」と言っ
てハイタッチをしてください。そして，新しい相
手を見つけて繰り返して行います。1人の人と話
ができたら1点にします。3分間で何点がとれた
か終わってから尋ねますので，たくさんの人と話
をしてみてください。

❷3分間ゲームを行う

❸振り返りを行う

何点がとれたかを調べます。多かった人に拍手を
贈ります。そして，友達について新しい発見のある
質問ができたかを尋ねます。

❹条件を付けて2回目のゲーム，振り返りを行う

T 2回目を行います。今度は，男子は女子，女子
は男子と話ができたら2点にします。同性同士は
1点です。

❺振り返りを行う

◀ 「よろしくお願いいた
します」や「ありがと
うございました」など
の礼儀もしっかりと教
えていきましょう。

◀ ハイタッチは場を盛り
上げます。様々な機会
で活用したいものです。

◀ 1人でいる人に自分か
ら話をしに行っている
子供を見つけて，全体
の中でほめます。

◀ 条件は子供の実態に応
じて考えます。「1回
目で話をしなかった
人」や「同じ班でない
人」など，普段話さな
い人と交流ができるよ
うに仕組みます。

評価のポイント

普段話さない人とも交流するのがねらいです。自分から進んで普段話さな
い人とかかわろうとしている人を見つけてほめます。あいさつがきちんとで
きていたり，楽しく活動できていたりする様子も見つけてほめていきます。

活動の途中での評価が大事になります。時間を長くしたり，関連質問を3
つ繰り返したりなどのルールを加えると，質問力の強化に役立ちます。

| 低学年 | 中学年 | 高学年 | | 日常・帯時間 | 特設単元 | 学習指導 |

11 3秒で答えよう

●対象学年▶1年　　●実施時期▶9月〜

つけたい力	即興力
活用したい「聞き方」	傾聴
活用したい「話し方」	具体化

トレーニングのねらいとポイント

　子供たちは，質問を続けてしたり，理由を深く考えたりすることに慣れていません。また，聞かれたことにすぐに答えることにも慣れていません。しかし，何か思いもよらない質問を受けて，それに対してすぐに答えなければならない場合もあります。相手が納得するように答えるためには，的確な理由も加えて言うことが大切です。意見を言う場合には，ただ主張をするだけではなく，日常的に理由を付け加えて言えるようになってほしいところです。また，友達のことを知ることで，仲良くなれるという長所もあります。

　菊池省三（2006）の中に，質問のポイントが9個書いてあります。質問のトレーニングをする際には，必要に応じて子供に示して，指導していきたいところです。

---

(1)事前の準備を必要に応じてする
(2)具体的な質問をする
(3)相手の話をよく聞く
(4)相手の話から次の質問を見つける
(5)聞きたいことに対して自分の意見感想を持つ
(6)相手に話してもらおうという姿勢や気持ちを伝える

---

(7)質問（対話）は人間関係を作る基本
(8)「人権」に関する質問はひかえる
(9)相手も自分も楽しくなる質問をする

トレーニングの手順

❶２人組になってジャンケンをする

❷勝った人が負けた人に「はい」「いいえ」で答えられる「〜は好きですか」の質問を１つする

できるだけ３秒以内に質問をするようにします。

（質問の例）

・りんごは好きですか

・算数は好きですか

・なわとびは好きですか　など

❸負けた人は「はい」「いいえ」で答える

❹質問する人は「なぜですか？」と質問をする

❺答える人は「なぜかというと〜だからです」と理由を答える

答える人も，なるだけ３秒以内で答えられるようにします。

❻１分間で同じことを繰り返す

同じようにジャンケンをして，勝った人が質問し，負けた人が答えるようにします。

◀ 「はい」「いいえ」で答えられる質問なら何でもできますが，質問が難しくなるので低学年は好きなものに限定したほうが話が続いて面白くなります。

◀ ３秒以内で答えることをゲーム化して，３秒以内で質問したり答えたりできなければ負けとすると，盛り上がります。

◀ 慣れてきたら対戦時間を２分，３分と伸ばしていきます。

評価のポイント

質問に合った理由になっているかは，はじめはあまり厳密にせず楽しむとよいでしょう。３秒をゲーム化して勝敗をつける場合は，子供たち同士で話し合わせます。実態に合わせて子供と一緒にルールを決めましょう。

12 同じくらい話そうインタビュー

●対象学年▶2年　　●実施時期▶4月〜

つけたい力	思いやり力
活用したい「聞き方」	キーワード
活用したい「話し方」	要約

トレーニングのねらいとポイント

　話し合いや発表の時，数人だけが話し，他の人はなかなか話すことができない場面をよく見ます。「みんなと同じくらいに話す」というのは，メンバーの責任です。「自分ばかり話さない」「自分の持ち時間はきちんと話をする」の2つのマナーを自然に守る必要があります。

　低学年ではその前段階として，「決められた内容を，自分の順番が来たら話す」という，集団の発言の基礎を身につけさせたいです。このインタビューでは，司会役を分担して全員に発言を促す体験やまとめる体験をさせることで，グループの意見をまとめるには，全員が自分の意見を出すことが大切だということに気付かせます。

トレーニングの手順

❶4〜5人のグループを作る

❷グループで話し合う時のポイントを知る

> **話し合いのポイント**
> (1)自分ばかり話さない
> (2)自分の番が来たらだまっていないで話す

◀ 話し合いのポイントは，紙に書いて，確認できるように貼っておきます。

T　話し合いで大切なことは，「自分ばかり話さない」「自分の番が来たら，黙っていないで話す」です。どうしてだと思いますか。

C　自分ばかり話していたら他の人が話せないし，話し合いにならないからです。

C　黙っていてもみんなの意見が出せないからです。

T　何人かの意見で決めてしまっては，いい話し合いではないですね。全員が話して，全員で決めることが大事になります。

❸二者択一の問題について，自分の意見を書く

しゅう会でぜんいんが楽しめるのはどっち？
ドッジボール　　　　　　けいどろ
（理由）

❹5分でどちらがいいかをグループで発表し合う

　司会者が発表者を順に指名し，意見と理由をインタビューします。

❺司会者がグループの結果を全体に発表する

C　〇班ではドッジボールが3人で，理由は～でした。けいどろは1人で，理由は～でした。

❻問題を替えて，同じようにインタビューを行う

❼司会の仕方や話し方はどうだったかを振り返る

話し合いの場面では，意見を言わずに黙っておいた方が得だとか，責任がないとか，人任せにする子が出てくるので，それでは話し合いに対して無責任であることを感じさせるようにします。

◀ 学級の実態に応じて，意見を出しやすい二者択一のテーマを選びます。4つくらい準備をしておきます。

◀ できるだけ全員が司会が経験できるように配慮します。

◀ インタビューの雰囲気を出すためにマイクの模型を使うと盛り上がります。

評価のポイント

　交替で司会を行い，意見が出なかったり声が聞こえなかったりするのを苦労してまとめる中で，話し合いでのマナーやコツについて気付くことができます。その気持ちを振り返りでシェアして，実感させていきます。

13 ♪ぴったり言葉を言いましょう

●対象学年▶１年 　　●実施時期▶４月〜

つけたい力	語彙力
活用したい「聞き方」	傾聴
活用したい「話し方」	出す声

トレーニングのねらいとポイント

　子供によっては，他者への関心が薄く，人に対して挨拶をしたり，お礼を言ったりといった意識を持っていない場合もあります。また，どのタイミングで言えばいいか分からなかったり，声に出す勇気がなかったり，反抗心から言わなかったりする子もいます。人とのコミュニケーションを取る場合，具体的な場面を提示して，こういった時は挨拶をする，こういう時はお礼を言うといった指導をする必要があります。

　リズム歌を使うことで，たくさんの子供が参加できたり，楽しみながら参加できたりします。みんなで考えた「ぴったり言葉」は掲示しておいて，実際の生活場面で意図的に使わせるようにしていきます。そして，子供たちの言葉や態度をほめていく材料に使っていくことで言葉が定着していきます。

トレーニングの手順

❶子供たちにゲームのやり方を説明する

Ｔ　「♪ぴったり言葉を言いましょう」というゲームをします。先生が「♪ぴったり言葉を言いましょう」と手をたたきながら言いますので，皆さんも先生と一緒に手をたたきながら「♪ぴったり言

リズムがあるので，実際にやらせてみます。簡単な言葉で練習をしていくと，だんだんやり方が分かってきます。

葉を言いましょう」と言ってください。その後に
どんな時かを言いますので，それに皆さんはすぐ
に答えてください。やってみますよ。「♪ぴった
り言葉を言いましょう　あさのあいさつ」

C　「おはよう」「おはようございます」

T　そうですね。友達だったら「おはよう」だけど，
先生だったら「おはようございます」ですね。あ
いさつをする相手によって変わりますね。

❷ゲームを行う

（言葉の例）

・教えてくれてありがとう→「どういたしまして」

・けんかしてごめんね→「こっちもごめんね」

・仲間に入れて→「いいよ」「一緒に遊ぼう」

・転んじゃった，いたい→「だいじょうぶ？」
しっぱいしちゃった，ごめん→「ドンマイ」

❸振り返りを行う

T　今日のゲームで，どんな時にどんな答え方をす
ればいいか分かりましたか。

C　朝友達に会ったら「おはよう」と言って，言わ
れた人も「おはよう」と言うことです。

T　知っていても，使えないと何にもなりませんね。
生活の中でたくさん使っていきましょう。

◀ 元気に声を出す活動なので，1日の授業のスタートにぴったりです。

◀ 相手や時や場所によって，答え方が変わる場合があります。それを子供たちと考えた上で，「先生と朝，会ったよおはよう」などと条件を付けて，それに答える練習をします。〔例〕「朝，近所の人と会ったよ」「友達の家に上がる時」

◀ 朝から短い時間で少しずつしていくといいです。

◀ 使わせたい言葉は，「あふれさせたい言葉」としてまとめて掲示するのもおすすめです。

評価のポイント

　無理やり言わせるのでなく，しっかりと楽しく参加しているか，考えているかが大事です。学んだことを書いて掲示しておいて，それを生活の中で使うことができているかを子供たちに振り返る機会を多くもたせ，できていることを認めていくことが評価のポイントになります。

低学年　中学年　高学年

日常・帯時間　特設単元　学習指導

⑭ なりきりインタビュー

●対象学年▶2年　　●実施時期▶4月〜

つけたい力	思いやり力
活用したい「聞き方」	インタビュー
活用したい「話し方」	笑顔

トレーニングのねらいとポイント

　身の回りにある「もの」になりきってインタビューを受けるゲームです。インタビューをする人は,「もの」になりきった相手のことを想像して質問をします。普段何気なく使っている「もの」の視点に立ってみる経験をすることで,相手のことを想像して思いやり,考えて言葉がけをしようとする気持ちが育ちます。

　しかし,中にはなかなか「もの」になりきれない子供もいるかもしれません。即興力も必要ですが,できればインタビューを始める前に準備の時間をとって,言葉かけをして,どのようなことを質問したり答えたりすればよいかを考えるようにするとよいでしょう。

　インタビューでは,「きくこよね」(p.47参照)を使うと聞きやすくなります。

「き」…きっかけ　　　「く」…工夫　　　「こ」…困ったこと
「よ」…よかったこと　「ね」…願い

　その他,5W1Hなども示してあげると,どんなことを質問するかを考えやすくなります。何回か行って慣れてきたら,事前に考える時間を短くして,即興で質問したり答えたりするようにしていってもいいでしょう。

トレーニングの手順

❶ペアを作り，インタビューする人とインタビューされる人を決める

❷インタビューされる人がカードの中から1枚を引き，「私は○○です」と言う

❸「もの」になりきることができるように，教師が全体に言葉がけをする

T　目を閉じて想像してみましょう。あなたは，どんな形ですか。どんな仕事をしていますか。何が大変ですか。どこにいますか。どんな気持ちですか。あなたの楽しみは何ですか。将来，どんなことをしたいですか。…

❹自分で準備をする時間を3分とる

❺インタビューする人が「もの」役の人に1分間インタビューをし，インタビューされる人は「もの」の気持ちを想像して答える

❻役割を交代し，同じことを行う

◀ カードには，低学年なら身近なものや教室にあるものを書くといいです。年齢が上がれば，目の前にないものや目に見えないものなどに挑戦してみましょう。

◀ ❸の全体への言葉がけは1回目だけ行い，それ以降は学びを生かして自分の準備の時間に行うようにします。

◀ 学級の実態によって，インタビューをしたり答えたりするのを2～3人のグループの対抗にすると，1人での活動が不安な子供には抵抗が少なくなります。

評価のポイント

　インタビューをする人は，その「もの」の特徴に応じて，想像を膨らませるような質問ができているかがポイントです。

　また，インタビューされる人は，質問にあった適切な答えを「もの」の気持ちを想像して答えられていたかがポイントです。

　ユーモアのある答えもたくさん出てきますので，希望者に子供たち全員の前でインタビューをしてもらうと，答え方も分かり，楽しい活動になるでしょう。

15 ミニディベート

●対象学年▶2年　　●実施時期▶4月〜

つけたい力	文脈力
活用したい「聞き方」	クリティカル・リスニング
活用したい「話し方」	ナンバリング，ラベリング

トレーニングのねらいとポイント

　ディベートとは，「1つのテーマについて，意見の違う2組で，一定のルールに従って話し合い，最後に勝ち負けが判定される話し合い」です。ディベートを通して，子供たちの話し合う力は，確実に伸びます。また，多角的にものを見て判断する力も育成されます。菊池省三氏が提唱する「学級ディベート」では，育てたい力として次の2点を挙げられています。

・感情的にならず，人と論とを区別する
・相手を尊重しながら話し合うことができるようにする

　このような力を育てることで，その場の空気に流されて動くことのない健全な個が育ち，その個が集まって望ましい集団へと学級が成長していきます。
　低学年の1対1のミニディベート（マイクロディベート）では，事前に詳しく調べたり友達と相談したりする必要はあまりなく，ルールを理解することや，相手を尊重して話し合いができることをねらいにします。

トレーニングの手順

❶子供たちにディベートについて説明する
Ｔ　今から「家で飼うなら犬と猫とどっちがいい

か?」ということで話し合うゲームをします。ミ
ニディベートと言います。３人でグループを作っ
て，１人が犬，１人が猫に無理に分かれて話し合
います。あと１人は審判になって，どちらの意見
がよく分かったかで勝ちと負けを決めます。

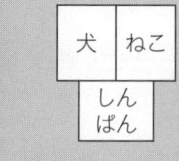

黒板に絵を描きながら，
３つの役割が分かるよ
うにします。

犬	ねこ
しん ぱん	

❷**学習シートに自分の考えを書く**

Ｔ　犬側と猫側どちらにもなれるように，こ
のような学習シートに両方の意見を３つ以
上書いてください。分からない時は友達と
相談してもいいです。

犬がいい	ねこがいい

❸**教師が司会をしてミニディベートをする**

Ｔ　３人で誰がどの役をするかを決めてくだ
さい。表のような順番でミニディベートを
してください。１回目のディベートを行い
ます。まず，犬側の人が発表してください。
時間は１分です。ように，はじめ。…

1	犬がわはっぴょう（１分）
2	ねこがわはっぴょう（１分）
3	犬がわ反ろん（30びょう）
4	ねこがわ反ろん（30びょう）
5	じゆうとうろん（１分）
6	ジャッジ
7	シェアリング（１分）

❹**ジャッジを行う**

下のような表を作り，ジャッジします。発表，反
論，討論ごとに，どちらかの側に〇をつけます。審
判の判定には文句を言わないよう約束しておきます。

判断の規準として，
・理由が分かりやすか
　った
・聞かれたことに答え
　ていた
などを示します。

	はっぴょう	反ろん	とうろん
犬がわ	〇		
ねこがわ		〇	〇

評価のポイント

相手を尊重しながら話し合うことが大事なので，話し合いのルールを守っ
て楽しく活動している様子を取り上げて認めていきます。

| 低学年 | **中学年** | 高学年 | | 日常・帯時間 | **特設単元** | 学習指導 |

⑯ なかよししつもんゲーム

●対象学年▶3年　　●実施時期▶6月～

つけたい力	質問力
活用したい「聞き方」	質問
活用したい「話し方」	具体化

トレーニングのねらいとポイント

　「なかよししつもんゲーム」は，友達同士で質問し合うことで，お互いのことをよく知り，もっと仲良くなるための対話活動です。ある程度，お互いのことを分かるようになったと思う時期に，さらに友達のことを深く分かるようになるために行うとよいでしょう。なかなか友達と話ができない子供たちも，進んで質問して友達とコミュニケーションをとることができます。また，作戦タイムを行い，班で作戦を考えさせることで，たくさん質問をするためにはオープンクエスチョンよりクローズドクエスチョンがいいことが分かり，さらに質問する相手の興味のあることを深めていくと答えやすいこともやりながら学んでいきます。

トレーニングの手順

❶教師がゲームのやり方と行うことの価値について
　説明する
❷4人1組のグループを作り，質問を受ける子供を
　1人決める。1分間で1人に他のメンバーが次々
　と質問をする。質問者の1人が出された質問の数
　を「正」の字で紙に記録する

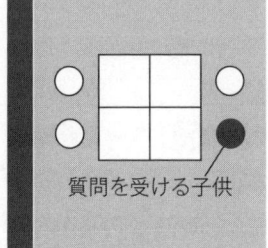

質問を受ける子供

❸1分が終わったら，班
　で質問した数を，表の
　ように班ごとに黒板に
　記録する

	1	2	3	4
1はん	12	21	38	
2はん	21	35	57	
3はん	7	17	23	
4はん	9	18	27	
5はん	13	23	46	
6はん	18	25	39	
7はん	5	12	21	
8はん	15	18	37	

　これにより，どの班が
たくさん質問ができてい
るかがよく分かります。

❹作戦タイムを1分間と
　り，多く質問をするた
　めの作戦を考える

　作戦タイムを作ることで，相手のことを考えた質
問をしようという意識や，協力・参加の意欲などが
高まります。場合によっては，たくさん質問ができ
ているグループの作戦を発表してもらい，意欲を高
めるようにします。

❺全員が質問を受ける役割を経験するまで繰り返し，
　全員が終わったら最終的にたくさん質問ができた
　班をみんなで称賛する

　全員が質問を受けることで，お互いのことがよく
分かるようになります。

❻感想を交流して，活動を振り返る

◀ 同じ人の連続質問は2
回までとし，同じ人ば
かり質問しないように
すると，たくさんの人
が話ができます。

◀ 作戦タイムで，質問を
される人が答えやすい
質問を考えます。
◀ 人が傷つくような質問
や下品な質問はしない
ように指導します。

評価のポイント

　ゲームの後の振り返りが大事です。「友達のことがよく分かってよかった」
という意見や「最初は少なかったけど，グループで工夫したらたくさん質問
ができるようになった」などの意見を価値づけ，共有できるようにします。
なかなか意見が言えなかった子供も質問ができるので，その頑張った姿を紹
介するといいでしょう。

17 別の言葉で伝言ゲーム

●対象学年▶3年　　●実施時期▶4月〜

つけたい力	要約力
活用したい「聞き方」	キーワード
活用したい「話し方」	具体化

トレーニングのねらいとポイント

　学校生活で必要とされるソーシャルスキルについては，河村茂雄他（2007）に詳しいです。ソーシャルスキルとは，社会の中で人とかかわる時に必要な技能のことです。人とかかわる時，私たちは相手に共感したり，話し合ったり，相手の気持ちを察して行動したりします。

　ソーシャルスキルには，次のように様々な項目や分類の仕方があります。前掲書では，集団内で級友とかかわる上でのルールを学ぶ学習でソーシャルスキルを取り入れていこうと提案されています。学級生活で必要とされるソーシャルスキルは，大きく分けると2つの領域のスキルから成るとされています。

〈配慮のスキル〉

基本的なあいさつ　基本的な聞く態度　会話への配慮

集団生活のマナーの遵守　許容的態度　さりげないストローク

対人関係のマナーの遵守　反省的態度　能動的な援助

〈かかわりのスキル〉

基本的な話す態度　集団への能動的な参加　感情表出　自己主張

対人関係形成行動　リーダーシップの発揮

このトレーニングは，特に「集団への能動的な参加」を目的に行います。説明する方には自分の考えを要約して言葉で表現する練習になり，答える方には想像力を働かせて答えを見つける練習になります。

トレーニングの手順

❶5～6人のチームを作り，1列に並ぶ

　1列に並んだら，先頭の人（○）だけは後ろを向いて，向かい合って立ってもらいます。

❷ゲームのやり方を知る

Ｔ　ゲームのやり方を説明します。まず，先頭の人にお題を見せます。先頭の人は次の人に，その名前や言葉を使わずに別の言葉で説明します。2番目の人は，先頭の人の説明を聞いてお題が何かを答えます。当たったら1ポイントです。どうしても分からなかったらパスでもいいです。2番目の人が答えたら，先頭だった人が列の一番後ろに並び，2番目だった人が先頭に移動して先生に次の問題を見せてもらいに来ます。3分間で得点が多かったチームが勝ちです。

❸1つのチームを使ってモデルを見せる

❹ゲームを行う

❺振り返りを行う

◀ お題は，最初は身近なものなどを出します。子供の実態に応じて，教師がどのような問題を出すかが，ゲームがうまくいくかのポイントです。

◀ 問題は，不公平のないように，どのチームも同じにします。隣が聞こえないように，少し列を離して行うといいでしょう。

◀ 説明がどうしても難しい子供の場合は，教師がヒントを一緒に与えられるように準備をしておきます。

評価のポイント

　説明をする人がキーワードとなる言葉を上手に使っている様子を認めて，ゲーム後に紹介し，評価します。

(18) マナー教室

●対象学年▶3年　　●実施時期▶4月〜

つけたい力	語彙力
活用したい「聞き方」	傾聴
活用したい「話し方」	笑顔

トレーニングのねらいとポイント

　マナーとは「守ることでお互いが気持ちよく過ごす」ための心遣いです。マナーを心得ている人は常に相手の心の動きに意識を向けています。今，この場面で自分がどのような行動をとれば相手が心地よく感じられるのか。マナーの意義は他人に不快な思いをさせないこと，それによって自分自身も快適に過ごすことにあり，「相互を尊重」することにマナーの真価があると言えます。

　マナーについては，家庭によって小さい頃から学んでいることに差があります。また，知っているだけでなく，使ってみてそのよさを実感しなければ使えるようになりません。野口芳宏氏は，子供のマナーについてたくさんの本を書かれていますが，ご自身が校長を務められていた時，学校で定期的にマナー教室をされていたそうです。基本的なマナーについては，豊かなコミュニケーションのために学校で学ぶことが必要です。

　マナーを学ぶ際に大事にしたいのは，ただ所作を教えるだけではなく，「価値ある意味づけ」をすることです。そうでないと，言われているからやっているという状態になってします。どうしてそれをしなければならないかを子供が納得するように，楽しみながら行うのがポイントです。

トレーニングの手順

❶挨拶について勉強することを伝える

❷挨拶の意味と心構えについて話す

T　挨拶というのは，相手に近づくという意味です。挨拶をすることで，離れていた心と心を通わせることができるのです。心を通わせるためには，まず相手の目を見るのが基本です。目を見ないままよそ見をして「おはよう」と言っても，挨拶したことになりません。表情も大事です。…

❸挨拶を代表の子供とやってみる

T　まず先生と○○さんでやってみましょう。…○○さんの挨拶のよかったところはどこですか。

C　目を見て言っていました。そして，先生には「おはようございます」と言っていました。

❹子供同士で挨拶の練習をする

T　では，今勉強したことに気を付けて，今から2分間たくさんの人と挨拶をしてみてください。せっかくなので，「おはよう」だけでなくて，その人によって一言付け加えられるといいですね。

❺振り返りを行う

◀ その所作を行う意味についてしっかり価値づけするようにします。

◀ 具体的なやり方を実演します。代表の子供の所作のよさを共有することで，ポイントを明確にしていきます。

◀ 実際にやらせてみます。上手にできている子供を紹介していきます。

◀ 振り返りでは，上手に挨拶をされた時の気持ちのよさも共有していきます。

評価のポイント

　マナーの意味が理解できたか，正しくできていたかがポイントです。自分がされた時の気持ちを考えながらやらせるようにします。「おじぎの仕方」「友達の家に行ったら」「目上の人と話す時」「分かりやすい話し方」「お願いの仕方」「乗り物の乗り方」「食事の作法」「公共の場でのマナー」など，計画的に楽しく行い，できている場を見つけて，よさを認めていきます。

19 タブレットを使って反省会

●対象学年▶3年　　●実施時期▶9月〜

つけたい力	文脈力
活用したい「聞き方」	情報整理
活用したい「話し方」	ショウ&テル

トレーニングのねらいとポイント

　学級の中では，よりよい生活づくりを目指し，問題解決に向けて自治的に話し合い，実践する場面が多くあります。自分たちで目標を定め，それを実践し，振り返りの中で子供の思いを認め，適切に評価していきます。そして，話し合うことが自分たちの生活をよくすることにつながることを実感させることができます。

1はん そうじを無言でした	2はん 算数で教え合いを頑張った	3はん 図工でお互いに手伝った
4はん 社会で班で話し合った	5はん みんなで自習を頑張った	6はん 早く終わった人が教えた
7はん そうじを時間いっぱいやった	8はん みんなでたくさん本を読んだ	

　今回の実践では，週の反省とめあてを話し合い，それを出し合い，活動の意欲を高めます。出された意見をまとめて班ごとに発表し合います。今回はその際に，ロイロノートの回答を共有する機能を使い，それを使ってさらに話し合いを深めていきます。ICTを効果的に使うことで，子供たちは意欲をもって学習に取り組みます。また，各班の意見が示されているので，他と比較して考えることができるという利点もあります。

トレーニングの手順

❶班での話し合いの形を作る

❷先週の学級内でよかったことを班で話し合う

T　先週１週間で，学級内でよかったこと，頑張っ
　　たことを，３分間でできるだけたくさん出します。
　　話し合いのルールは，友達の意見や考えに反対し
　　ないことです。話し合うのは，みんなの生活をよ
　　くしていくためです。頑張って話し合いましょう。
　　意見がいくつ出されたかを「正」の字で記録して
　　おいてください。

❸出された意見の数を発表する

T　１班から，出た意見の数を発表してください。
　　…一番多かった○班に拍手をしましょう。

❹出された意見の中で１つ選び，ロイロノートのカ
　ードに書き，教師に提出する

❺出された意見について各班の代表に発表させ，そ
　れについての意見を交換する

❻今週の１週間で頑張ったらいいことを話し合う

❼３分経ったら，同じように数と特に頑張ったらい
　いことをロイロノートのカードに書かせる

❽出された意見について各班の代表に発表させる

T　先週の反省をもとに，今週の各班のめあてが出
　　されましたね。先週よりも，もっといい学級にし
　　ていきましょう。

◀　ルールをしっかりと守
るように指導し，どん
な意見も尊重するよう
にします。数を競わせ
ることで，いろいろな
意見が出やすいように
します。

◀　多かった班を認めるこ
とで，話し合いの意欲
を高めます。

◀　ロイロノートのカード
に書いて提出すること
で，意見を書く時間も
短縮されます。また，
書き直しもしやすくな
ります。

◀　出された今週のめあて
を写真に撮って掲示し
ておき，めあてを意識
させることやめあての
自己評価に役立てます。

評価のポイント

　意見を否定せず，協力してたくさんの意見を出して話し合っている班のよ
さを認めていきます。また，話し合いがみんなの生活をよくしていくという
話し合いの価値をしっかりと感じさせたいと思います。

20 すごろくトーキング

●対象学年▶3年　　　●実施時期▶4月〜

つけたい力	思いやり力
活用したい「聞き方」	コメント
活用したい「話し方」	具体化

トレーニングのねらいとポイント

　本トレーニングのねらいの1つは，すごろくを通して，「1回休み」の指示や，引いたカードに書かれた指令に従うことで，ルールを守ることの大切さを学ぶことです。さらに，「こまった」カードを引いて，様々な場面でどうするかを考える活動を行ったり，ジャンケン等をして人とかかわる経験をしたりして，コミュニケーション力の向上を図ります。すごろくの内容は子供の実態に合わせて自由に変えることができますから，様々に工夫して，楽しく活動することができます。

トレーニングの手順

❶ゲームのやり方を知る

　次ページの例のようなすごろくのシートとさいころ，コマとなる自分の消しゴムを準備します。おおまかなすごろくのやり方を教えます。

❷教師がカードの使い方をモデリングする

　1回休みのルールや，「こまった」「チャレンジ」に止まった場合のやり方（カードの山から自分で1枚引き，その問いに答えたり，指令に従ったりす

る）を，教師が実際にモデリングします。

（チャレンジカードの例）

・好きな食べ物と嫌いな食べ物を1つずつ言いましょう
・となりの人と握手をしましょう
・先生とハイタッチをしてきましょう　等

（こまったカードの例）

・友達に借りた消しゴムをなくしてしまったらどうしますか？
・友達が遊びに入れてくれません。こんな時どうしますか？
・そうじ当番をさぼっている人がいます。どうしますか？　等

❸ゲームを行う
❹振り返りを行う

チャレンジカードとこ
まったカードは，子供
の実態に応じて10枚く
らいずつ準備しておき
ます。

すごろくのシートも，
学年に応じてマス数な
どは考えて作ります。

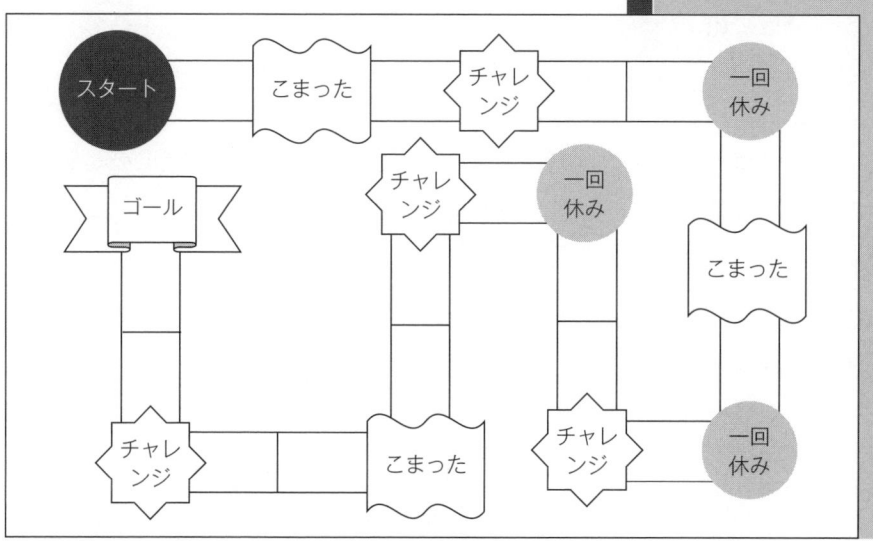

評価のポイント

　きちんとルールを守ってゲームができているか，積極的に友達とかかわろ
うとしているか，話をすることができているか，友達の話を聞くことができ
ているかなど，観察してよかったところを認めていきます。

21 1分間トーキング

●対象学年▶4年　　●実施時期▶4月～

つけたい力	文脈力
活用したい「聞き方」	傾聴
活用したい「話し方」	応答関係の活用

トレーニングのねらいとポイント

　会話では，相手の経験世界と自分の経験世界を組み合わせて1つの文脈を作り上げていくことで，次の展開が生まれます（齋藤孝，2004）。話を続けるためには，相手の話をきちんと聞くこと，そして相手に合った話題を考えることが大事です。松橋良紀（2010）は，会話が行き詰まった時の対処法として「適度に整理すべし（テキドニセイリスベシ）の法則」を紹介しています。

> テ…テレビ　キ…気候　ド…道楽（趣味）　ニ…旬のニュース
> セ…生活全般（衣食住など）　イ…胃（食べ物）　リ…旅行
> ス…スターやスキャンダルの話題　ベ…勉強（学生時代）　シ…出身地

　会話に困った時は，これを使って相手と合った話題を探すこともできるでしょう。中学年になると，少し長い会話ができるようになってきます。いろいろな人と長く会話をする練習を行うことで，友達のことも深く知ることができますし，日常の会話にも活かすことができます。

トレーニングの手順

❶友達と話をするのに，どんな内容を話したらよい

かについて話し合う

❷会話が行き詰まった時の対処法として「適度に整理すべし（テキドニセイリスベシ）の法則」というものがあることを知る

T　テ（テレビ）では「昨日のドラマは見ましたか」，キ（気候）では「今日は暑いですね」，ド（趣味）では「最近はまっていることはありますか」などと聞いて，話題を広げられるといいですね。…

❸ペアを作り，1分間話し続ける

T　今からペアの人と1分間話し続けてください。3秒間空けないように頑張ってみましょう。用意，スタート。

❹1分間話し続けられたペアをみんなで称賛する

❺ペアを替えて，❸，❹を繰り返す

❻振り返りを行う

T　「1分間トーキング」をやってみた感想を出してください。

C　よく知っている人とは話しやすかったけど，あまり知らない人とは話しにくかったです。

T　相手と話ができるには，相手のことをよく知るというのが大事なのですね。

◀ 具体的に出されたら，それを板書しておくと会話の時に使えます。

◀ 「テキドニセイリスベシ」は紙に書いて使えるように貼っておきます。

◀ 教師は会話をしている様子を観察し，よさを見つけておきます。

◀ 1分間話を続けられるペアが多い場合は，時間を延ばすなどして調整するといいでしょう。

◀ 話をするためには，インタビューなどの際も相手を事前によく調べておくことが大事なことを伝えます。

評価のポイント

　この実践は，時間を調整して隙間時間に行うこともできます。学習の最後に，「今日学んだことを1分間話し合ってください」などのように応用できます。とにかく話し続ける努力と経験を積み重ねることで，即興力も身につきます。この積み重ねが会話力を高めるためには大切です。

マジックフレーズで場面劇

●対象学年▶4年　　●実施時期▶6月〜

つけたい力	思いやり力
活用したい「聞き方」	クリティカル・リスニング
活用したい「話し方」	応答関係の活用

トレーニングのねらいとポイント

　伝えたい本題に入る前に一言添えて気遣いを示す言葉のことを「クッション言葉」といいます。例えば，「ここは飲食禁止です。ルールを守ってください」などと，言いにくいことをそのままストレートに伝えてしまうと，相手に素直に受け入れられなかったり，ショックを受けられたりしてしまうこともあります。「恐れ入りますが，ここは飲食禁止です。ルールを守っていただけますでしょうか」のように，クッション言葉から命令を依頼に置き換えると，言葉が柔らかくなります。

　こうした一連の言葉の流れを，「マジックフレーズ」と呼びます。主に「お願い・依頼」「お断り」「意見・反論」をする場面で使います。ビジネスの場合と学校では少し違いますが，小学生が使いそうな例を挙げてみます。

尋ねる時	「すみませんが」「教えてほしいのですが」
依頼する時	「お忙しいと思いますが」「面倒ですが」
断る時	「ごめんなさい」「手伝いたいんですけど」
意見・反論を言う時	「確かに言っていることは分かりますが」
	「それもいい意見だとは思いますが」

学校でも，場面を設定してマジックフレーズを使う練習をしてはどうでし

ようか。電話やメールを使う時も，マジックフレーズは役立ちます。

トレーニングの手順

❶**グループを作り，カードを引く**

　場面を書いたカードを各グループに10種類くらい準備しておきます。そのカードを引きます。

（カードの例）

・忙しそうな友達に算数を教えてもらう

・放課後に遊びの約束をしていたのを断る

・明日の遠足のことを先生に尋ねる

・お楽しみ会の出し物のメンバーに入れてもらう

❷**グループで，どういうクッション言葉が適切か話し合う**

❸**カードに書かれた場面の劇をグループで練習する**

　すぐに了解するのではなく，1・2回断って，再度お願いをする劇になるように指示します。

❹**各グループのクッション言葉の劇を発表する**

　どのようなクッション言葉や言い方が，相手に嫌な思いをさせない工夫がしてあるかを，クラス全員で話し合います。

❺**振り返りを行う**

◀ ペアでもできますが，劇の練習をしたり発表をしたりする際にはグループの方が安心感があり，盛り上がります。

◀ 劇を発表する時は，グループの中の代表に発表してもらい，全員はしなくてもいいようにします。

◀ 劇を発表しやすいような雰囲気作りを行います。

評価のポイント

　場面に応じて，どのようなクッション言葉を使うとよいかを相談することで，言語の大切さに気付くように声掛けをします。また，劇の練習をする中で，言い方や非言語の表現の部分についての気付きも感じられるように助言を行い，相手への気遣いの大切さへの気付きを評価します。

三角ロジックで説得

●対象学年 ▶ 4年　　●実施時期 ▶ 4月〜

つけたい力	文脈力
活用したい「聞き方」	クリティカル・リスニング
活用したい「話し方」	構成

トレーニングのねらいとポイント

　三角ロジックとは，論理的思考の基礎となる考え方です。人との会話，会議，レポートの作成などでも，常に意識しておくとよい手法です。論理的な主張には，客観的なデータと，そのデータと主張を結びつける理由づけが必要です。簡単な図にすると右のようになります。

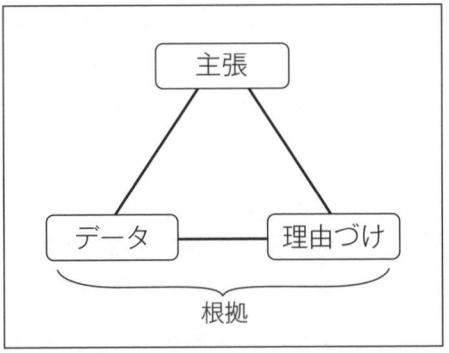

　具体的には，データには文や言葉，数値などを使います。また理由づけには，自分の経験や既習事項などを考えるとよいでしょう。この主張と根拠がしっかりしていると，相手を説得しやすくなります。

　この活動は，国語の学習で習った「お手紙」（アーノルド・ローベル）を読んで，主人公は誰かを話し合う学習です。学級の実態によっては，低学年で「お手紙」を扱った際に合わせて行ってもよいですが，3・4年生くらいで再度読み，三角ロジックを意識して意見を述べる練習として行ってもよいでしょう。

トレーニングの手順

❶三角ロジックについて学習する

　主張，データ，理由づけとは何か，具体的にどのように発言をすればいいかを指導します。

（例）

・ぼくは，がまくんが主人公だと思います。（主張）

・がまくんは，初めは悲しい気持ちでしたね。そして最後は嬉しい気持ちになりましたね。（データ）

・がまくんの気持ちが大きく変わったお話だから，がまくんが主人公だと思います。（理由づけ）

◀ 例文を示しながら，データだけの意見や理由づけだけの意見では分かりにくく，両方ある方が分かりやすいということも示していきます。

❷「お手紙の主人公はだれか」について話し合う

　まず，話を読んで，自分の考えをしっかりと持たせます。そして，その根拠を考えさせます。その後で話し合いに入ります。同じような意見はできるだけ続けるようにして話し合いをします。

◀ まず自分の考えをしっかりと持っておくことが大事です。友達の意見と比較して考えることで学びが深くなります。

❸話し合いの中で，発表のよさを共有する

　今回の話し合いは，三角ロジックの必要性を感じさせるのが目的であるため，話し合いの途中でも止めて，その発表が納得できる理由を考えさせ，テータと理由づけを明確にして発表することのよさに気付かせるようにします。

◀ 中には「両方」や「かたつむりくん」という意見も出るかもしれませんが，その根拠となるデータと理由づけをはっきり言わせるようにします。

❹振り返りを行う

評価のポイント

　三角ロジックを意識して発表をすることで，相手を納得させることができるという実感をもたせるようにします。よい発言を取り上げて，なぜ納得できるのかを分析するように話し合い，よさを認め合っていきます。

24 家族にお願い

●対象学年▶4年　　　●実施時期▶4月〜

つけたい力	文脈力
活用したい「聞き方」	クリティカル・リスニング
活用したい「話し方」	構成

トレーニングのねらいとポイント

　説得とは「自分の働きかけにより，相手が納得し，受け入れ，気持ちや行動が変わる」ことです。三角ロジックを意識して話して相手を説得するトレーニングは前ページで紹介しました。本トレーニングでは，「説得の流れ」を意識したお願いを実践します。

　説得には，「相手の注意を引きつける→自分事にする→想いを語り，相手のメリットも伝える→具体的な提案をする」という効果的な流れがあります。また，次のようなことも考えていくとよいでしょう。

> ・その話の相手へのメリットとデメリット
> ・「もしあったら」「もしなかったら」といったたとえ話
> ・あってよかった，またはなくて困ったなどの自分の経験
> ・他で成功した事例（数字，エピソード，友達の話，専門家の話等）

　話す際は，p.62で紹介したPREP法やp.64で紹介した「3つありますスピーチ」を活用すると話しやすくなります。

トレーニングの手順

❶グループを作り，お願いのカードを引く

118

お願いのカードを10枚くらい作っておきます。それをそれぞれ1枚ずつ引きます。

（カード例）

・スマホを買ってもらうお願い

・休みの日に遊園地に連れて行ってもらうお願い

・お小遣いを値上げしてもらうお願い

・新しい習い事に行かせてもらうお願い　等

❷説得のコツの話を聞き，モデルの話を見る

　前述のような説得の話とモデルとなる教師の話を聞くことで，説得のイメージを持たせます。

Ｔ　お願いがあるんだけど，サッカーの教室に通わせてください。サッカーをすると運動になると思うんだよね。他より安いし，それに違う学校の友達もできるし，お母さんも友達が増えると思うよ。
　…

❸自分でお願いをする理由を考える

　理由を3つくらいは考えるように指示します。早く決めた子供は，自分で練習をしておきます。

❹グループ内でお願いの発表をする

　グループで発表者と家族役の順番を決め，お願いをやってみます。他の人は見ておいて，どんなところがよかったかを教え合います。

❺振り返りをする

◀ お願いする内容は，理由を自分で考えるように全員違う内容にします。

◀ 話す内容はモデルを見せたり，具体例を示したりするとイメージがしやすくなります。

◀ 自分や家族のメリットを明確に出すようにします。時には正直にデメリットも言っておいた方がいいことも伝えます。

◀ 家族役の人には反論もしていいことにすると，臨場感のある面白い会話ができます。説得が難しい時は，条件をつけたり譲歩したりするのもよいことにします。

評価のポイント

　説得は自分の主張を押し通すのではなくて，相手も納得できるように折り合いをつける必要があります。学級会の話し合いでも同じです。相手も自分もできるだけ WIN―WIN になる話し合いを目指します。

㉕ インタビューで他己 PR

●対象学年▶3年　　●実施時期▶4月〜

つけたい力	思いやり力
活用したい「聞き方」	質問
活用したい「話し方」	具体化

トレーニングのねらいとポイント

　新人研修等で他己紹介を取り入れる企業もあるようです。ただ相手の情報を伝えるのではなく、相手の素晴らしいところを質問で引き出し、自分ではなかなか言えないことをみんなに PR してあげると楽しい他己紹介になります。次のようなことを意識しながらトレーニングを進めます。

> 質問…他己 PR を成功させるカギは、インタビューでどれだけ多くの面白い話を相手から引き出せるかです。趣味や性格がよく分かるエピソードなどを聞きたいところです。また、相手の意外性のある面も見つけられるように質問を考えていきます。
>
> 発表…自分が言ってもらったら嬉しいだろうなと思えるような内容を考えます。「起承転結」を意識すると話がまとまります。「起」で様々な情報を紹介し、「承」で特に伝えたい内容を詳しく言います。「転」で意外なエピソードやちょっと笑える話をし、「結」で相手の魅力をまとめます。

　このトレーニングをしっかりと行うと、話題づくり、文章の構成、自分の表現力などの様々なコミュニケーションスキルが一気に身につきます。
　次に、発表する際の表現力に関するポイントを4つ示します。

①話し始めのトーンを大事にしよう

　明るく，はっきりしたトーンで話を始めれば，話に入りやすくなります。

②聞き手が適度に相づちやうなずきを入れられるスピードと間で話そう

　聞き手の存在を意識して行うことが重要です。

③明るい笑顔で，アイコンタクトも意識して話そう

④抑揚を意識して話そう

　自分が強調したい部分やちゃんと聞いてほしいポイントなどで声のトーンを変えたり，間を取ったり，ゆっくり話したり等の工夫をします。

トレーニングの手順

❶他己 PR のやり方について知る

　相手のことを深く知り，素晴らしいところを知らせるためも質問の仕方や，発表の仕方などを知らせます。メモの取り方も復習しておきます。

❷ペアを作り，お互いの取材をする

　ペアで取材の順番を決めます。メモを取りながら，お互いに２分ずつインタビューをします。

❸他のペアに相手の PR をする

　ペア同士で相手の子供の PR をしてもらいます。代表の子供に全体で発表してもらってもいいです。

❹振り返りを行う

◀ 前述のポイントの内容を全体に指導します。一番伝えたいことを深めて聞くように指導します。

◀ 何をインタビューすればよいかが分からない子供のために，質問例（好きな教科，食べ物，得意なこと，宝物など）を掲示しておきます。

評価のポイント

　相手の素晴らしいところを質問で引き出し，相手が喜ぶような内容をみんなに伝えられているかを評価します。

26 Googleフォームでアンケート

●対象学年▶4年　　　●実施時期▶4月〜

つけたい力	文脈力
活用したい「聞き方」	情報整理
活用したい「話し方」	具体化

トレーニングのねらいとポイント

　岡田智・中村敏秀・森村美和子（2012）によると，ソーシャルスキルトレーニングでは，基本的に次のような指導を行います。

教示…言葉やカードなどを用いて直接教える

モデリング…指導者や友達の手本となるふるまいを見せて学ばせる

リハーサル…模擬場面などで実際にやってみる（ロールプレイング等）

フィードバック…行動を振り返り，ほめたり修正を求めたりする

般化…どんな場面（時，場所，人にかかわらず）でもできるようにする

　この学習では，時間内に意見をまとめるために，意見を言う，意見を聞く，相手を説得する，譲る，意見を変える（折り合いをつける）などの柔軟な対応ができるようにします。モデルを見ながら話し合いの仕方を知り，実際に話し合いをやってみます。振り返りをし，学びを確かめることで，他の話し合いでも，ルールやマナー，うまく話し合うコツを活かせるように般化して

いきます。今回は，アンケートに Google フォームを使って意欲を高めます。

トレーニングの手順

❶「学校でする好きな遊びベスト５」についてのア
　ンケートを Google フォームで行う

❷それぞれでベスト５を予想し，学習シートに書く

❸話し合いの仕方について知る

　事前に話し合いのグランドルールを話し合って決
めておき，それを使ってルール等を確かめます。

　（グランドルールの例）

・全員が発表し，進んで参加しよう

・分からない時は質問をしよう

・友達のいいところを見つけよう　　等

❹１つのグループにモデルをしてもらって見る

　モデルを見ながら，全員が発表すること，説得す
るように理由づけをすること，譲ったりまとめる意
見を言ったりすることなどを指導していきます。

❺自分の予想をグループ内で持ち寄り，10分以内
　でグループの予想順位を話し合って決める

❻グループごとに予想順位を発表する

❼教師が結果発表を Google フォームで行う

❽順位予想の話し合いで感じたことなどを学習シー
　トに記入し，振り返る

◀ 事前に大まかな傾向はつかんで10個の選択肢を作っておき，簡単に回答ができるようにします。

◀ 事前の話し合いの学習でみんなで話し合ってグランドルールを決めて書いておきます。

◀ 教師が話し合いを解説しながら，よさや改善点を指導していきます。

◀ 教師はグループ間を回りながら，個別指導をしていきます。

◀ Google フォームは自動で集計もするので便利です。

評価のポイント

　順位を当てることが目的ではありません。話し合いを見て回って，話し合いのよいところや改善点を指導するのが目的です。子供たちにもその点を事前によく理解させて活動を行い，よさを評価していきます。

思いやり反論ゲーム

●対象学年▶４年　　　●実施時期▶９月〜

つけたい力	文脈力
活用したい「聞き方」	傾聴
活用したい「話し方」	応答関係の活用

トレーニングのねらいとポイント

　よい話し合いにするためのポイントは「反論」にあります。反論力を身につけることで，話し合いを楽しみ，深く考えることができます。菊池省三監修（2006）では，反論のポイントが４つ示されています。

　〜反論は思いやりの気持ちで〜

(1)相手に伝えたいと思う。反論はお互いによいものを生み出すためにする。

(2)相手の人格を傷つけない。人と意見を区別して，意見への反論をする。

(3)反論の２パターンを身につける。主張への反論と根拠への反論を知る。

(4)反論は４拍子で。「引用→否定→理由→結論」の構成で行う。

　（例文１）「○○とあなたは言いました。しかし，それはおかしいです。なぜかというと，○○だからです。だから○○はおかしいです。」

　感情的なもの（例えば怒り）が優先されてしまうと，論じている事柄はどこかへいってしまう，つまり「けんか」になってしまいます。だから，人と論とを区別して，思いやりの気持ちで反論をする必要があるのです。

　反論の例文１のように練習をすると，主張が明確になり，言い方がディベートで活かされてきます。しかし今回は，できるだけ感情的にならないこと

を大切にして，次のような言い方をトレーニングします。

> （例文２）「○○という意見でしたね。なるほどそういうことも考えられ
> ますが，本当にそう言えるでしょうか。なぜかというと○○だからです。
> だから，○○が正しいと思います。」

トレーニングの手順

❶グループを作り，その中でペアを作る

❷ペアでじゃんけんをして，肯定側と否定側を決める。ペア以外の人は審判となる

ペアで話す役割と審判を交代で行い，客観的に話し合いを見合うようにします。

❸出されたテーマについて，３分間で肯定，否定の両方の意見と理由を２つずつ考える

テーマは，「テレビゲームはよい」「小学生は鉛筆がよい」「宿題はない方がいい」など，子供の実態から考えます。

❹肯定側から1分間でスピーチを行う

意見を２つ言い，それぞれに理由もつけるようにします。また，否定側は次に反論ができるようにメモをしておきます。

❺スピーチが終わったら，否定側は1分間で反論スピーチを考える

そのままでなくてもよいですが，例文２を参考にして反論スピーチを行うようにします。

反論の４拍子を使うようにします。

❻否定側が反論を1分間で行う

❼肯定，否定の役割を交代し，❹〜❻を行う

❽審判は，どちらがよかったかを評価する

❾審判をしていたペアが交代して❷〜❽を行う

評価のポイント

相手の主張と自分の反論がつながっていたか，自分の主張と根拠がつながっていたか，４拍子を使って言えていたか，感情的にならず思いやりをもってよい考えを一緒に作る気持ちが表れていたか等を評価します。

 ブレインストーミング

●対象学年▶3年　　●実施時期▶9月〜

つけたい力	即興力
活用したい「聞き方」	情報整理
活用したい「話し方」	具体化

トレーニングのねらいとポイント

　ブレインストーミングとは，ある問題について自由にアイデアを出し合う話し合いですが，大きく4つの基本原則があります。

(1)否定しない・判断や結論を出さない
(2)ユニークなアイデアを歓迎する
(3)質より量を重視する
(4)アイデアを結合させる

　出した意見が否定されないので，安心して気軽に何でも言い合えるのがよいところです。みんなが面白くなり，夢中でアイデアを出していく中で思いがけない考えが生まれることをねらいます。

　他に大まかなやり方として，次のようなことに気をつけます。

・課題の共通理解が大事
・出したアイデアを記録係がどんどん書く
・ファシリテーターが必要（円滑な進行のため）
・発言はできるだけ簡潔にする
・制限時間を設ける

・ブレスト中には判断・決断はせず，その後にまとめる会議をする
・記録用にホワイトボードや付箋を準備しておくとよい

トレーニングの手順

❶みんなで決めたルールと話すテーマを確認する

　ブレストのルールをもとに，ルールを考えて確認します。また，テーマの共通理解が大事です。

ルールを守ることが大事なので，確認をしっかりします。

❷グループ作りを行う

　10人くらいまで OK ですが，4～5人にします。できるだけ，いろいろな考えの人が混じった方が面白いアイデアが出やすくなります。

❸ファシリテーター1人と記録を1人決める

　ファシリテーターは，意見の少ない人に当てたり，自由に意見が出しやすい雰囲気づくりを行ったりします。記録は，出された意見をホワイトボードや付箋などに書いていきます。

ブレスト後の話し合いでまとめることもあります。マインドマップ・KJ法などの方法を考えて，ホワイトボードや模造紙，付箋など何に記録するかを決めます。

❹テーマに沿って意見を出し合う（10分）

　意見の思いつかない子供のために，話し合いの前に個人で考える時間（3分ほど）を設定してもいいです。話し合う時間を守るようにします。

テーマは「運動会のテーマ」「出し物を何にするか」など，アイデアを結合しやすい話し合いに有効です。

❺話し合いの振り返りの感想を書く

評価のポイント

　様々な意見を出せたか，友達の話をしっかりと聞けたか，ブレストのルールが守れたか，などについて評価をさせます。ユニークな意見が出せたり，アイデアを結合させたりできたものは紹介し合うといいです。

（29） メモでスピーチ再現ゲーム

●対象学年▶4年　　●実施時期▶6月〜

つけたい力	要約力
活用したい「聞き方」	メモの活用
活用したい「話し方」	要約

トレーニングのねらいとポイント

　メモを取る理由は「忘れないように」ではなく，「忘れてもいいように」です。メモを取ることで頭の容量を節約し，思考に使うことができます。思考することで，抽象的な物事の考え方が身につき，他のものとの関連性が見えてきます。だから，アイデアが浮かんだり記憶力が向上したりします。

　また，メモを取ると自己理解も深まり，やりたいことが見つかるなど，良いことがいっぱいあります。メモを取る時は言われたことをそのままメモするのではなく，自分の言葉で言語化し，新たな付加価値やアイデアを添えてメモをするといいです。優先順位を数字で記録しておいたり，メモの余白に自分なりのコメントを入れておいたり，スペースを自由に使ってメモを取った時の情報をできるだけ詳細に残しましょう。自分を高めるために必要な情報をいかに効率よく持ち帰るかが主目的なので，メモには後で読み返した時に分かりやすいこと，自分の頭に入りやすいことという再現性が重視されます（その他，メモを取る際に押さえておきたいポイントは，p.48を参照ください）。

　メモをする機会はたくさんあります。でも，自分のメモをする技能について振り返る機会は少ないでしょう。話を聞いてメモし，再現してみて，メモを見ながら再現して話してみることで，自分のメモの仕方の改善をすること

ができます。

トレーニングの手順

❶メモの仕方について振り返る

❷3人組を作り，スピーチ役，メモ役，審判を決める
る

❸スピーチ役はカードを引いて，そのカードを読む

C　読みます。10月28日に山都町の通潤橋にバスで
　見学旅行に行きます。集合時間は，いつもより早
　い7時50分です。見学のしおりをよく見て忘れ物
　がないようにして，遅れないように集合してくだ
　さい。

❹メモ役は，スピーチを聞いて，メモを取る

❺メモ役は，メモを見ながらスピーチを再現する
　審判とスピーチ役は，スピーチをもとの原稿を見
ながら聞きます。審判は，どのくらい再現できてい
るかをメモを取ります。

❻審判はそのままで，スピーチ役とメモ役を交代し
　て，❸〜❺を行う

❼審判は，どちらの再現スピーチが正確だったかを
　決める

❽審判役を交代して，同じことを行う

◀ メモのポイントを書い
て貼っておくと使えま
す。

◀ 問題は子供の実態で変
わりますが，簡単なも
のから始めるといいで
す。慣れてきたら，い
ろいろな文種の文章を
使うと，日常の指導に
つながります。

◀ メモを取らないで同じ
ようにやってみて，メ
モの大切さに気付かせ
る実践もできます。

◀ 審判は，判定では必ず
理由をつけるようにし
ます。

評価のポイント

　スピーチのメモを正確に取ることができ，それを間違いなく再現できたか
がポイントになります。やりとりの上手なグループに代表でやってもらい，
よさを共有するといいでしょう。どういったメモを工夫しているかを，お互
いにメモを見合って話し合う時間をとるといいです。

30 反駁型ディベート

●対象学年▶４年　　●実施時期▶４月〜

つけたい力	文脈力
活用したい「聞き方」	情報整理
活用したい「話し方」	応答関係の活用

トレーニングのねらいとポイント

　低学年では,「ミニディベート」(p.100) でディベートの考え方や楽しさを学びますが, 中学年では, 反駁型のディベートを学びます。反駁型ディベートは, ３〜４人のグループを作り, そのグループの対抗戦で行います。その際, できるだけ

	立論	質疑	反駁
A	①	④	⑤
B	②	③	⑥
	ステージ1	ステージ2	ステージ3

全員が発表できるように, 立論を行う子供と反駁を行う子供を分け, 質疑は全員で行うようにします。また, 話し合いの全体が終わってから判定をするのではなく, 各ステージで判定を行うことで, 判定がしやすくなります。

　ねらいの重点は,「感情的にならないで話し合う」「相手の意見を大事にして話し合う」ということに置いています。さらに, 本トレーニングはグループでの対抗戦で行うため, グループで協力すること, 特に全員が積極的に話し合いに参加できるようにすることを大事にします(より詳しい実践は,『個の確立した集団を育てる　学級ディベート』(菊池省三・菊池道場著, 中村堂, 2018) をご覧ください)。

トレーニングの手順

❶反駁型ディベートのやり方を知らせる

❷学習シートに自分の考えを書く

　今回は，「野生の動物と動物園の動物はどちらが幸せか」というテーマでディベートを行います。下のような学習シートの表裏に，両方の立場で考えを書き，準備を行います。

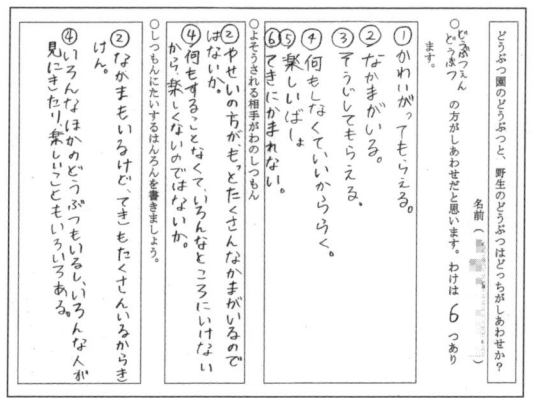

❸役割を決め，立論や質疑について話し合う

　書いた意見を出し合い，グループで立論をどうするか，どんな質疑ができるかを話し合います。

❹モデルディベートを見て，イメージを掴む

　希望する２グループに前に出てもらい，司会は教師がマニュアルを使いながら進めていきます。

❺全員で対戦を行う

　審判の司会で立論→質疑→反駁と進めていき，それぞれのステージでジャッジをします。

❻学習の振り返りを行う

◀ 学習シートは同じものを表裏で印刷しておきます。理由と予想される質問，その反論を表裏両方とも書いておきます。

◀ 司会の進め方のマニュアルは全員に配布しておきます。

◀ ３チームでじゃんけんをして，野生，動物園，審判の役割を決めます。

◀ モデルディベートで，大まかなやり方は指導します。

◀ １ステージ後に作戦タイムを１分とります。作戦タイムの使い方がよい主張ができるかのポイントになります。

評価のポイント

　評価シートの項目をもとにジャッジします。質問にきちんと答えたか，分かりやすく説明できたか，協力できたか，などを評価します。

㉛ 私のクラスのいいところ

●対象学年▶5年　　●実施時期▶9月〜

つけたい力	思いやり力
活用したい「聞き方」	情報整理
活用したい「話し方」	具体化

トレーニングのねらいとポイント

　コミュニケーション力をつけるためには，学んだ知識や技能を実際に使う場が必要になります。その場が学級での生活です。日常の生活や学級活動とコミュニケーション・トレーニングを結び付けて学級づくりを行う中で，学んだコミュニケーション力を使いながら人間関係づくりを行っていきます。人間関係づくりを通して，自分や他者への気づきを深め，人と協力していくことの大切さや，自分のよさを自覚させていきます。

　学級づくりを行う際には，様々なゲーム等の楽しい活動を行っていきます。多くの書籍に事例が載っていますが，構成的グループエンカウンターなども活用するとよいでしょう。この「私のクラスのいいところ」は，学級のよさを分かち合うことで，お互いの心のきずなをより強くすることをねらっています。クラスのよさを自覚させることは，自己肯定感を高めることにもつながります。また，コミュニケーションの大切さを再認識させることもできます。ビンゴゲームの中で，自分たちのクラスのよさを思い出す活動や，ビンゴゲームをしながら自分と同じようにクラスのよさを感じている友達がたくさんいることに気付かせていくことがポイントです。定期的に行ったり，学期終わりに行ったりすると人間関係づくりに効果的です。

トレーニングの手順

❶エクササイズのやり方や意味について知り，クラスのいいところを個人で書く

　右のような学習シートにできるだけたくさん書き込みます。

❷班ごとに集まり，話し合って1つの表にまとめる

　じゃんけんや多数決などで決めず，よく話し合って，書く場所も考えて書いていきます。

○年○組のいいところ

活動を振り返って，感じた，気付いたことを書きましょう

❸シートが完成したら，1班から順に1つ発表し，同じものがあったら○をつけていく

　近い考えのものは，同じとして○をつけてもよいことを言っておきます。

❹縦横斜めのどれかがそろったらビンゴと知らせる

❺活動の振り返りを書き，感想を交流する

◀ よさを分かち合い，心のきずなを強めるために行うことを示します。

◀ 9つ埋められなくてもよく，無理をしないことを伝えます。

◀ 班のシートも9マスにして，十分に意見交換をして決めるようにします。言えない人には促しますが無理をさせません。

◀ (ビンゴの記入例)
・友達を大切にする
・リレー大会で優勝
・笑顔が絶えない
・漢字が得意　等

◀ 勝ち負けにこだわらず，楽しい気持ちで発表を聞くようにします。

評価のポイント

　自分で考えた意見を出し合って，班でまとめていく過程が大事になります。いいところを出し合って，それについて全員が自分の意見を言い合い，そのことについて語ることが大事です。また，クラスではどの意見が多いかを，クラスのみんなのことを考えて話し合うのも意味があります。多数決やジャンケンもしないため，意見を譲り合ったり，人と論と分けて考えたりすることが，人間関係を作るために大切です。

㉜ 引用しりとりゲーム

●対象学年▶5年　　●実施時期▶9月〜

つけたい力	即興力
活用したい「聞き方」	傾聴
活用したい「話し方」	具体化

トレーニングのねらいとポイント

　話し合いやディベートなどの中では，相手の話を傾聴し，その中の主張や理由を引用し，それについて質問をしたり反論をしたりする必要があります。つまり，引用してそれについて話す練習も大事になります。『インタビュー・スキルを鍛える授業づくり』（堀裕嗣・研究集団ことのは編著，明治図書，2002）の中には，「話し方」「聴き方」の技術として，「表現力3K」と「傾聴三動作」があります。傾聴三動作については本書2章で書いていますので，「表現力3K」について紹介します。

> (1)核心を…アウトラインを　内容を絞り込む
> (2)簡潔に…センテンスも短く　リハーサルを必ずする
> (3)感じよく話す…明るい表情で　ハキハキと　真面目に　一生懸命に

トレーニングの手順

❶ペアを作る

❷ゲームのやり方を知る

T　しりとりと同じように，相手の話したことを引用して話します。相手の話した言葉を使えばいい

◀ できるだけ最後の方に出てきた言葉を引用すると，より楽しく会話が続けられることを補足します。

です。話の内容が変わっても構いません。そして，笑顔やうなずきの傾聴三動作や表現力３Ｋにも注意して話したり聞いたりしてみましょう。

❸モデルの話を教師と代表の子供で行う

Ｔ　昨日，買い物に行ったよ。
Ｃ　買い物で何を買ったの？
Ｔ　野菜を買ったよ。
Ｃ　野菜が好きなの？　……

❹１分間の目標時間を決める
❺じゃんけんをしてどちらから先に話すかを決める
❻活動の振り返りを行う

アレンジ編　でもでもボクシング

　同じような言葉のしりとりですが，「でも」で反論をします。相手の話をしっかり聞くことと，反論することで論理的な思考力を育てます。

❶ペアを作り，ゲームのやり方を知る
❷モデルの話を教師と代表の子供で行う

Ｔ　宿題がなくなるとうれしいよね。
Ｃ　でも，宿題がないと勉強ができなくなるね。
Ｔ　でも，勉強は時々すればいいよね。
Ｃ　でも，時々では忘れちゃうよね。　……

❸どちらから先に話すかを決めて，１分間話す
❹活動の振り返りを行う

◀ しりとりが終わる「ん」にあたる言葉や態度について考えさせてみると，子供たちの会話に対する意識がより深まります。

◀ 最初は１分くらいにし，慣れてきたら時間を増やしていきます。

◀ 相手の言葉を引用しながら，反論を考えていきます。

◀ 慣れてきたら，時間を延ばしたり，ルールを複雑にしたりするとよいでしょう。
（例題）
・掃除の時間がなくなるとうれしいね
・毎日席替えだとうれしいよね
・毎日弁当ならうれしいよね
・体育が毎日あるとうれしいよね　等

評価のポイント

　どれだけ会話が途切れずに続いたか，笑顔やうなずきなど非言語も取り入れられたか，相手の言葉をしっかり聞いて取り入れられたかを評価します。相手を負かすのではなく，続くように協力して長く言うようにしていきます。

(33) チャップリントーク

●対象学年▶5年　　●実施時期▶9月〜

つけたい力	即興力
活用したい「聞き方」	コメント
活用したい「話し方」	要約

トレーニングのねらいとポイント

　チャップリントークとは，喜劇王チャップリンが行っていたと言われる話す力を鍛える方法からヒントを得た指導法です。菊池省三氏の本に，よく紹介されています。

　『人の心をつかむ話し方の鉄則』（草思社，2007）の中で樋口裕一氏は，人前で話す時の心構えを8つ挙げられています。

---

(1)恥ずかしがらない
(2)自分だけの話だからこそ価値がある
(3)スピーチはできるだけ短く
(4)聞いている人を見ながら話す
(5)相手に応じて話す
(6)心に残るような話にする
(7)自分なりでよい
(8)3分間で練習する

　チャップリントークは，その場で話すことを決める即興力が必要となりますが，そこで堂々と自分だけの話をすることは，人前で話すとてもいい練習になります。慣れてきたら「理由を付け加える」「話が終わったらお互いに

質問をし合う」などを付け加えると，もっと楽しい「トーク」になります。

トレーニングの手順

❶グループ内で各自５つの言葉を１つずつＢ５程度
の紙に書く

話すことを考えて，学級全体で難易度をできるだ
けそろえておくようにします。

❷書いた紙を集めて裏返しにし，真ん中に置く

❸１人ずつ順番に上から１枚手に取り，表にしなが
ら立ち上がり，３秒以内でその言葉に関係するこ
とを話す

「私にとってラーメンとは，お休みの日の昼ご飯
にかかせないものです」

「私が考える中学校とは，予想ではいろいろなこ
とが体験できる楽しい場所です」

❹これをグループ内で順番に行う

聞いている人は「なるほど」などのあいづちをう
つようにすると，話しやすくなります。

❺最初に書いていた言葉の紙がなくなるまで続ける

どのグループが早く終わるか，グループ対抗で行
うと適度の緊張感が保たれます。

❻活動の振り返りを行う

◀ 言葉は自由にしてもい
いし，たとえば「お菓
子」などと限定しても
いいです。

◀ 話し始めは，「私にと
って○○（手にした言
葉）とは，～」とか
「私が考える○○とは，
～」と決めておきます。

◀ 知らない言葉が出てき
た場合は，「私の予想
では…」と予想を話し
てもよいというルール
を決めておきます。

◀ どうしても話せない時
はパスを１回だけして
よい，などルールを決
めておくと，話せない
子供は安心します。

評価のポイント

即興的に自分の意見を作って話すことができたか，友達の話を傾聴三動作
などを意識して好意的に聞くことができたかなどを評価していきます。終わ
った後に，出された意見について楽しく質問やコメントができると，さらに
即興的に内容を考えて話す力が高まります。

34 セリフ当てゲーム

●対象学年▶5年　　●実施時期▶9月〜

つけたい力	文脈力
活用したい「聞き方」	キーワード
活用したい「話し方」	構成

トレーニングのねらいとポイント

　演劇的なアクティビティです。グループで寸劇をします。キーワードを知らされていない1人のメンバーに，演じながらそのキーワードを言わせるゲームです。言ってもらうためには，筋の通った会話を即興で組み立てる必要があります。また，演じながらイメージをする推察力，みんなで協力するチームワークも必要になります。楽しい劇にするために，リアクションも工夫するといいでしょう。リアクションのコツをいくつか紹介します。

---

(1)「さしすせそ」の法則

　　「さ」さすがですね　　「し」知らなかった　　「す」すごい

　　「せ」センスいい　　「そ」そうなんですか

(2)さりげなく名前を呼ぶ

(3)共感を示す「あいづち」（傾聴三動作）

(4)相手を真似して好感度アップ（ミラーリング）

(5)話しかけられた瞬間の表情（笑顔）

トレーニングの手順

❶3〜4人のグループを作る

❷キーワードを言いたい人を1人決める

❸残りのメンバーは，言ってもらいたいキーワード
　のカードを引いて，キーワードを決める

　慣れるまでは，みんながよく使うようなセリフを
書いたカードを教師が作っておいて，それを引くよ
うにするとスムーズにいきます。慣れてきたら自分
たちでキーワードも決めていきます。

　　（例）「ありがとう」「ごめんなさい」
　　　　　「それはだめだよ」「よかったね」
　　　　　「すごいね」「大変だったね」等

❹どんなお話を作れば，そのキーワードを言っても
　らえるか，おおまかな作戦会議をする

❺寸劇をして，キーワードを引き出す（2分）

　「昨日，阿蘇に遊びに行ったんだ」

　「へえ，楽しかった？」

　「うん，とっても」

　「あ，そうそう，君にもお土産を買ってきたよ。
もらって」

　「ああ，どうもありがとう」

❻キーワードを言いたい人を交代して，❸～❺を繰
　り返す

❼振り返りを行う

◀ みんなにセリフができ
るだけ回るように4人
くらいまでがいいです。

◀ キーワードは，初めは
よく耳にする言葉にし，
だんだん難しくしてい
きます。

◀ 慣れてきたら長めの文
章にチャレンジするの
も楽しいです。

◀ キーワードを言う人に
聞こえないように相談
します。

◀ セリフは，みんな同じ
くらいの量になるよう
に考えます。

◀ キーワードは全く同じ
でなくても，内容が同
じならOKにします。
キーワードを言わせる
ことができたら，「イ
エーイ」とハイタッチ
すると盛り上がります。

評価のポイント

　当たるかどうかより，劇を楽しむことが大事です。身振りも交え，表情豊
かにやっているグループをほめていきます。上手にできているグループには
見本を見せてもらったりコツを聞いたりすると他のグループに活かせます。

35 ホット・シーティング

●対象学年▶5年　　●実施時期▶9月〜

つけたい力	要約力
活用したい「聞き方」	事実と意見
活用したい「話し方」	要約

トレーニングのねらいとポイント

　「ドラマ教育」とは，アメリカやイギリスで生まれた，演劇を作る過程を応用した教育手段です。子供たちが最も遊び心を発揮する「演じる」という創作活動によって，子供の創造性を刺激して，コミュニケーション力と勇気を育てます。子供は，楽しいから主体的になれます。安心・安全な場で創造性が発揮できます。また，協力して劇を作る達成感を味わうことができます。遊びによって創造性やイマジネーションを育て，演劇をつくり上げる過程で社会人として必要な協働力を養う。そして，再び遊びに戻るというサイクルを繰り返すことで，人間としての幅をどんどん膨らませることができる。これが，ドラマ教育です（アフタースクールび場 HP）。

　ドラマ教育にも，参加型アクティビティがありますが，汎用性の高い6つの技法を「コア・アクティビティ」といいます（渡部淳，2011）。

A　フリーズ・フレーム（静止画）
B　ロールプレイ
C　ホット・シーティング（質問コーナー）
D　専門家のマント（マントル・オブ・ジ・エキスパート）
E　ティーチャー・イン・ロール

ここでは，ホット・シーティングを紹介します。

誰かが「歴史上の人物や「文学の作中人物」等になって椅子に座り，様々な質問を受けます。その人物になりきり，共同記者会見や討論会のような雰囲気で応答します。想像力を駆使して質疑を交わすことで，人物の心情などを深く多面的に理解することができます。人物でなくて物になりきることもできますし，説明文の学習などでも使えます。

トレーニングの手順

　徳川家康と織田信長，豊臣秀吉の３人の中で，誰が一番すごいか？

❶３人のグループを作る

❷ゲームのやり方を知る

Ｔ　３人で役を決めてください。役を決めたら，10分間時間を取りますので，自分の役や他の２人のことを再度調べてください。その後，３人でその役になりきって対話をしてもらいます。

❸モデルの対話を代表の子供で行う

❹対話を５分間行う

❺発表したいグループに全体の前で発表してもらう

❻学習内容のまとめと活動の振り返りを行う

◀ いろいろな教科で活用できます。対話のテーマがなくても，役を決めて話すことでいろいろな意見が出てきます。

◀ 考えをまとめる時間を取ります。教科書やノートを見直すよい機会になります。

◀ 対話の時間は，子供の実態で調整してください。

◀ 代表のグループの対話を見ることで学習がまとまります。

評価のポイント

どれだけ役の人物になりきれたか，役の人物のよさを相手に納得させる内容や話し方ができたかが評価のポイントです。単元の終末に行うことで学習全体を振り返ることになり，知識がつながったり深まったりします。

36 アサーショントレーニング

●対象学年▶ 5 年 ●実施時期▶ 4 月〜

つけたい力	思いやり力
活用したい「聞き方」	傾聴
活用したい「話し方」	笑顔

トレーニングのねらいとポイント

　アサーションとは，英語で「自己主張」という意味です。相手の考えを尊重しながら，対等に自己主張をしていくコミュニケーションスキルを指します。アサーションのポイントをまとめてみます。

⑴アサーションの心がまえを知る

　アサーションには，誠実・率直・対等・自己責任という4本の柱とも言うべき心がまえが必要です。

⑵私を主語にする「I メッセージ」を使う

　人に何かを伝える時は，必ず伝える相手でなく「私」を主語にします。

⑶ DESC 法（デスク法）に当てはめて伝える

　DESC 法とは Describe（描写する）・Express（表現する）・Specify（提案する）・Choose（選択する）の4つの動詞の頭文字をとったものです。

⑷ちょっとした表現に注意を払う

　お願いするような表現を使うことで，同じことを言っていても相手は嫌な気分にならずに済みます。また否定の言葉を使うのではなく，前向きな代替案を示すようにすれば，話し合いの余地が生まれ円滑なコミュ

ニケーションができます。

ここでは，DESC法を使ったトレーニングを紹介します。

トレーニングの手順

❶アサーションについて知る

❷DESC法について知る

   D　描写　客観的に事実を伝える

   E　説明　自分の意見や感情を伝える

   S　提案　相手の求めているものを解決策として提
            案する

   C　選択　提案の実行／不実行による結果を伝える

❸DESC法を使った言い方を知る

> 忙しいところ悪いけど，この前本を貸してた
> よね。まだ返ってきてないんだけど。（描写）
> ちょっと私も使いたくてね。（説明）明日とか
> 持ってこられる？（提案）明日が無理ならでき
> るだけ早く欲しいな。（選択）

❹約束の時間に遅れてきた友達に，時間を守ってほ
しいということを伝える言い方を考える

❺3人でグループを作り，ロールプレイを行う

❻役を交代したり課題を変えたりして行う

❼活動の振り返りを行う

◀ 前ページのアサーショ
ンのポイントについて
知らせます。特にIメ
ッセージは，具体的に
例示して知らせます。

◀ p.114「マジックフレ
ーズで場面劇」を事前
にやっておくと使う機
会になります。

◀ 個人で考え，その後全
員で一緒に考えます。
代表の子供にロールプ
レイをしてもらいます。

◀ 個人で考えた後，それ
ぞれのグループで行い
ます。

◀ 私役，友達役，そして
それを見て意見を言う
観察役を決めます。

評価のポイント

ロールプレイでは，友達役は言われた感想を伝えてもらいます。言葉だけ
でなく言い方や態度も大事なので，その点も注意して表現するようにします。

37 マッピング・コミュニケーション

●対象学年▶５年　●実施時期▶４月～

つけたい力	文脈力
活用したい「聞き方」	傾聴
活用したい「話し方」	笑顔

トレーニングのねらいとポイント

齋藤孝（2004）では，文脈力をつけるには会話の途中にメモを取ることが大事だと述べられています。自分がインタビューされる側でも，主に話す状況でも同様です。また相手と自分の文脈を絡める方法としてもメモは必要だそうです。聞き逃しを防ぐだけでなく，相手の文脈をしっかりとらえて自分の中で触発されたことも書き留め，話の展開や流れを図化することで，言葉と言葉の関係がはっきりし，事柄の構造をはっきりさせることができます。

そのトレーニング法として齋藤先生が紹介されているのが「マッピング・コミュニケーション」です。２人で話す場合なら，２人の間に紙を置いて，そこにキーワードを書き込みながら話をします。２人で書き込んで，２人で１つのマップを共有していきます。自分の言った言葉と相手の言った言葉とがつながり合うことが，文脈の基本になります。文脈というものが，目に見えるマップになります。マッピングの作業を行うことで，自然に文脈に敏感になってきます。

トレーニングの手順

❶ペアを作る

❷マッピング・コミュニケーションのやり方を知る

T　ペアで横に並んで座ってください。今から，「大造じいさんの残雪に対する気持ちが変わったのはどこか」について話し合ってもらいます。机の上に紙がありますので，それにキーワードを2人で書き込んで，話の流れや関連に矢印をつけながら，話し合ってください。後で，他のペアに自分たちの話し合いの様子を伝えてもらいます。

❸前場面の話し合いをもとにしたモデルのメモを示し，メモの書き方のポイントを教える

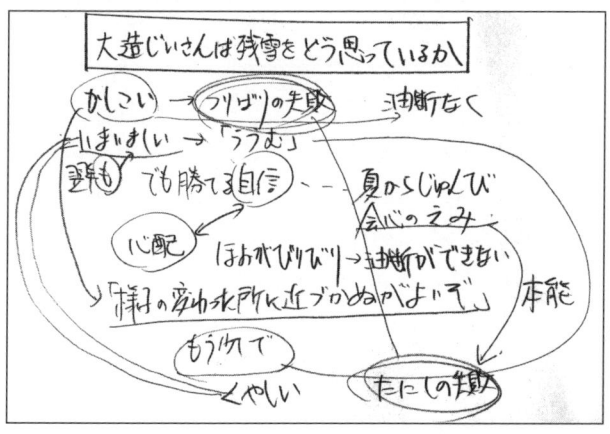

❹マッピング・コミュニケーションを行う
❺メモを見ながら，自分たちのペアの話を伝える
❻他のペアのメモの取り方を見合う
❼活動の振り返りを行う

◀ 齋藤氏の実践に，三色ボールペンを使う実践があります。会話の中で「まあ大事」と思ったことを青，「すごく大事」なところを赤，「自分が思いついたこと」を緑で書きます。これも紹介してやってみてもいいでしょう。

◀ メモのモデルを示します。できれば全員が分かるように，前場面の話し合いをメモに書いたものを使うといいでしょう。

◀ 時間は実態に合わせて行います。はじめは個人で5分くらい考えてから，ペアで5分くらいで行うと無理をしないと思います。

◀ 見合いはメモを机に置いておき，回って見るといいです。

評価のポイント

　メモを見ながら話し合いが再現できるようなメモが取れたかが大事になります。また，メモを見て，話が分散せずできているか，2人の対話がつながっているかもチェックして，文脈力がついてきているかを確かめます。

38 メタ・ディスカッション

●対象学年▶5年　　●実施時期▶4月～

つけたい力	文脈力
活用したい「聞き方」	傾聴
活用したい「話し方」	応答関係の活用

トレーニングのねらいとポイント

　「ディスカッション」とは「特定の問題を何人かで話し合い，意見をぶつけること」です。「ディスカッション」の目的は，特定の問題の解決にあります。ディスカッションは情報の交換や共有のため，またアイデアを出し合い1つの問題を解決するために協議するものです。お互いの情報を組み合わせて意見をまとめたり，お互いの情報から新しい発想を生み出したりします。異なる意見を出し合い主張をし合いますので，自己主張ができない人は苦手意識をもってしまうこともあるかもしれません。

　そのディスカッションの技術を一気に高める方法として「メタ・ディスカッション」があります。齋藤孝（2004）によると，ディスカッションを周りで見て，そのプロセスをメモし，終わった後で一番いい動きやコメントをしていたMVPを選ぶというものです。具体的な動きやコメントを指摘しながら理由とともに挙げてもらうので，議論の流れを押さえる必要があり，文脈力を鍛えるトレーニングにもなります。議論の輪の中にいたのでは気付かないことを，外に出て眺めて学ぶのです。

トレーニングの手順

❶全体で4つのグループを作る

❷テーマを設定する

Ｔ　ディスカッションのテーマは「お楽しみ会での
　　ゲームは何をするか」です。時間の関係でゲーム
　　は１つしかできません。何がいいかを話し合って
　　ください。

❸テーマについて自分の考えをまとめる

❹前でディスカッションをする代表のグループの順
　番を決める

❺代表のグループがディスカッションを行い，他の
　グループはメモを取りながら周りで見る

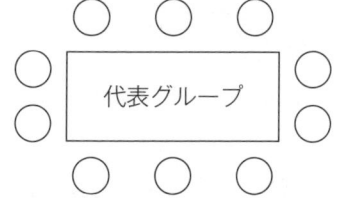

代表グループ

❻５分経ったら途中でもディスカッションをやめて，
　誰がMVPかを話し合う

Ｔ　誰がMVPにふさわしいかを，事実とその理由
　　も合わせて発表してください。

❼❺と❻を全部のグループが終わるまで行う

❽全体の振り返りを行う

◀ 全員がアイコンタクト
　ができる位置に座ると
　いいです。

◀ 課題は大きくし過ぎず，
　具体的なテーマを出し
　ます。

◀ 話し合いは，YES→
　BUTの精神で行いま
　す。まず相手の意見を
　受け止め，そして反論
　を述べます。

◀ ディスカッションの輪
　の中にいる人間と外の
　人間が入れ替わること
　で，自分が考えている
　こととできることのギ
　ャップを感じることが
　できます。

◀ 発表の仕方や内容だけ
　でなく，他の人への心
　配り，まとめようとす
　る態度なども評価する
　ようにします。

評価のポイント

　ディベートと違って，ディスカッションするメンバーは戦う相手ではなく
仲間になります。チームとして全体が機能するように意識して動いている姿
を見取って評価します。見て気付くことと実際に自分がやれることのギャッ
プに対する気付きも意見として出るように気を配ります。

低学年	中学年	**高学年**

日常・帯時間	特設単元	**学習指導**

39 ラウンドロビンで話し合い

●対象学年▶5年　●実施時期▶4月〜

つけたい力	文脈力
活用したい「聞き方」	傾聴
活用したい「話し方」	応答関係の活用

トレーニングのねらいとポイント

　協同学習とは，小集団を活用した教育方法であり，そこでは子供たちが一緒に取り組むことによって自分の学習と互いの学習を最大限に高めようとするものです。しかし，ただグループに分けて学習させるだけでは協同学習とは言えません。協同的な学びをうまく機能させるためには，次の5つの基本的な構成要素を満たす必要があると言われています。

ア　促進的相互依存関係

　自分の働きが仲間のため，仲間の働きが自分のためになっている

イ　対面的な相互作用

　豊かな相互作用を交わすことのできる学習場面を設定する

ウ　個人の責任

　学習を他人に任せて済むような場面づくりをしてはいけない

エ　対人技能や小集団の運営技能

　互いに信頼し合い，対立をも建設的に解決する技能を全員が持つ

オ　集団改善手続きでもある

　集団ごとに活動後にメンバーが互いに評価を行う

　協同学習の中の基本的な技法の1つがラウンドロビンです。ラウンドロビ

ンは，自分の考えを書く→グループ内で発表する→出された意見について話し合う→必要に応じて全体で検討する，という学習形態をとります。

トレーニングの手順

国語「ヒロシマのうた」（東京書籍・6年）での学習例をご紹介します。
❶班を作る
❷学習課題を設定する

> なぜヒロ子は，原子雲のかさをししゅうしたのだろう

❸学習課題ついて自分の考えをまとめる
❹グループで順番に意見を出し合う
・もう原爆のことは乗りこえているということを伝えたかったから
・わたしとヒロ子をつないだのが原爆だったから
・お母さんのことを忘れない気持ちを表したかったから 等
❺出された意見について班で話し合い，代表の意見を1つ選び，ロイロノートで教師に送る
❻各班から出された意見を電子黒板で見ながら，全体で課題について話し合う
❼学習の振り返りを行う

◀ 個人の責任において，学びを他人に任せないように，必ず自分の意見を班に出せるようにします。
◀ カードへは意見だけを書くようにして，根拠や理由は口頭で話させるようにします。
◀ ロイロノートでカードを作って送ることで電子黒板で見ることができ，黒板が使えます。また見たい班の意見を大きくして見ることができます。

評価のポイント

協同学習の考え方を理解し，全員が責任をもって学習に取り組んだり，建設的な話し合いを行ったりできているかということを見取り，指導していきます。ICTの活用も考えて，全員の考えが出しやすくなるよう工夫します。

40 ピラミッド・チャートで話し合い

●対象学年▶5年　　●実施時期▶6月～

つけたい力	文脈力
活用したい「聞き方」	傾聴
活用したい「話し方」	応答関係の活用

トレーニングのねらいとポイント

　子どもたちの考えたことを見えるようにし，考えることを助けてくれるのが思考ツールです。思考ツールは，話し合いなどの場面で子どもたちが「主体的」「対話的」に関わる状況を生み出すことができます。自分の考え方をメタ認知することにも大きな効果を与えると考えられます。話し合いの時に，ぜひ活用したいものです。思考ツールの活用については，拙著『子どもがどんどん書きたくなる！作文テクニック＆アイデア集』（明治図書，2019）にも「書くこと」の事例を掲載しています。他の本にも，思考ツールの活用法はたくさんあるので，ぜひ調べてみてください。今回は，ピラミッド・チャートを使います。ピラミッド・チャートは，話すことを整理して主張を明確にするためにも（下から上），主張を伝えるために話すことを焦点化するためにも（上から下）用いられます。

ピラミッド・チャート

トレーニングの手順

　総合的な学習の時間での活用例をご紹介します。

　地域のバリアフリーを調べたことをまとめて，

分かったことをまとめよう

❶班を作る

❷それぞれが調べた事例をロイロノートのカードに
書き，お互いのタブレットに送る

❸送られてきたカードを，ピラミッド・チャートの
一番下にそれぞれで貼る

❹出された事例についてそれぞれが班で説明し，そ
れらから分かったことを話し合ってロイロノート
のカードに書き，真ん中の段に貼る

❺中段の分かったことを見ながら，自分たちは何を
意見として主張するかを話し合い，上段に書く

❻できたピラミッド・チャートを教師に送り，電子
黒板で表示しながら，他の班に向けて発表する

❼学習の振り返りを行う

◀ カードには色があるの
で，事例，分かったこ
と，意見で色分けを聞
けておくと分かりやす
いです。

◀ 書いたカードがそのま
ま使えるのが便利です。

◀ 話し合いは全員で行い
ますが，カードは代表
が書いて他の人に送れ
ば全員が書く必要はあ
りません。

◀ 教師に送られたピラミ
ッド・チャートは，ク
ラスの全員が自分のタ
ブレットでも見ること
ができるので便利です。

◀ ピラミッド・チャート
を使うことで，思考が
焦点化されていく過程
を視覚化することがで
きます。

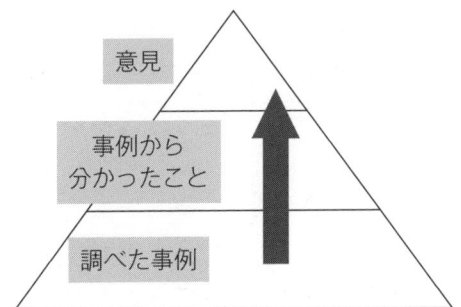

評価のポイント

事前に調べ学習をやっていますが，ある程度自分の調べた事例がないと話
し合いが深まりませんので，それまでの指導が大事になります。また，事例
を比較して共通点，相違点などをつなげて考えられることができているかが
評価のポイントです。事実と意見を分けて考える力も大事です。

41 クリティカル・シンキング

●対象学年▶5年　　●実施時期▶9月〜

つけたい力	文脈力
活用したい「聞き方」	情報整理，事実と意見
活用したい「話し方」	構成

トレーニングのねらいとポイント

　クリティカル・シンキングとは，「批判的思考」と訳される思考方法ですが，感情や主観に流されずに物事を判断しようとする考え方です。目の前にある事象や情報をうのみにせず，「なぜなのか」「本当に正しいのか」という疑問を持ち，じっくり考察した上で結論を出すようにします（p.42の説明もご参照ください）。クリティカル・シンキングには，押さえておくべき考え方や基本的姿勢が3つあります（グロービス経営大学院，2012）。

(1)目的は何かを常に意識する
(2)自他に思考のクセがあることを前提に考える
(3)問い続ける

　クリティカル・シンキングは，日常生活の中で鍛えることができます。次の2つのことを意識して行うことで，"最適な答え"を導くスキルを身につけられるでしょう。

・正しい情報を集める
・批判する癖をつける

　批判する対象に対しては常に「正しい情報」を集めるように心がけ，集め

た情報を自分の中で客観的かつ正確に組立てることが重要です。物事を客観的に見つめることで、「最適な答えを導き出す」ために役立つ批判、つまりクリティカル・シンキングそのものを行えるようになります。日本人は文章を批判的に読む経験が少ないので、「批評的読み」の学習を物語教材でも説明文教材でも行っていく必要があるのではないでしょうか。それがPISA型読解力の向上につながっていきます。

トレーニングの手順

6年生国語「海の命」での学習例（第6時／全10時間）をご紹介します。

> あなたにとって、太一の生き方で共感できるところはどこですか。また共感できないところはどこですか。

❶課題についての自分の意見を書く

❷班で意見を出し合い、話し合う

❸班の話し合いを説明する1人を残し、他のメンバーは他の班のところにバラバラに分かれていって、他の班の意見を調べてくる

❹時間が来たら、もとの班に戻り、どんな意見が出ていたかを全員が報告し、話し合う

❺振り返りをする。全体で、話し合いで他の班や自分の班の話し合いで学んだことを出し合う

◀ 意見を早く書いた子供は、友達と意見交換をします。

◀ 協同学習の「ワールドカフェ」を行います。班に1枚広い紙を準備し、その紙に出された意見を記録していきます。

◀ 他の班で書いてある紙を見ながら質問して意見を聞いてきます。

評価のポイント

共感できない意見もしっかり聞きます。理由が大事なので、それを自分で説明できたり、友達の意見を説明できたりしているかが評価のポイントです。他の物語文や説明文でも「批評的読み」を取り入れていくとよいでしょう。

低学年　中学年　**高学年**

日常・帯時間　特設単元　**学習指導**

42　1，2，3，4／特派員

●対象学年▶5年　　●実施時期▶6月～

つけたい力	文脈力
活用したい「聞き方」	キーワード
活用したい「話し方」	要約

トレーニングのねらいとポイント

　対話力を高めるためには，できるだけ授業等で話し合う機会を増やしていくことが大切です。また，様々な友達と交流することも大事になります。そこで，p.148で紹介した協同学習の活用が有効です。

　1つ目は「1，2，3，4」です。4人グループの場合は，子供に「1」「2」「3」「4」と番号をつけ，出された課題をグループで解決したり発表したりする際に，「今日は1番の人が司会をして」「2番の人が代表で発表して」などと指定をします。これによって，どの子供もグループの中で様々な役割を果たすことになります。もちろん司会や発表などが苦手な子供には，グループの中で教えたり手伝ったりして協力をします。

　2つ目の「特派員」は，グループを越えての交流を仕組む方法です。p.153で使った「ワールドカフェ」と同じです。この方法は，他のグループとの交流ができることもあり，学習者の活動性が高まりやすいのが特徴です。この時に，「1，2，3，4」で使った番号を使うと，動きが分かりやすくなります。ここでは，「特派員」を使った社会科での実践を紹介します。

トレーニングの手順

❶テーマについての自分の意見を書く

154

| 日本の米作りは，今後も減っていってよいか |

❷班で10分間話し合う（ラウンド１）

Ｔ　テーマについて，今から10分間で話し合ってください。

1番の人が司会をします。

その時，班に１枚の紙が置いてありますので２番の人がその紙に話し合って出された意見を書いていってください。線で結んだり矢印を書いたりすると分かりやすいですね。

話し合った後に，３番の人が残ってテーブルホストとなって他の班の人に伝えてもらいますので，そのつもりで話し合ってください。

❸テーブルホスト１人を残し，他のメンバーは「特派員」になって他のテーブルに移動し，他の班の意見を調べてくる（ラウンド２）

❹時間が来たらもとの班に戻り，どんな意見が出ていたかを全員が報告し，話し合う（ラウンド３）

❺４番の人がラウンド３の話し合いの様子を全体に報告する

❻振り返りをする。全体で，話し合いで他の班や自分の班の話し合いで学んだことを出し合う

◀ 米作りについて学習した終末で，話し合いを行うと考えが深まります。

◀ 協同学習技法の「1，2，3，4」の番号を使います。自分の役割を自覚することで，責任感が生まれます。

◀ 紙にどのように記録しておくかは大事です。p.144で紹介したマッピングの書き方を学んでおくとスムーズにいきます。

◀ ❹では，始める前に時間と４番の役割についてはしっかりと伝えておきます。

評価のポイント

それぞれの子供に自分の役割がありますので，責任をもって自分の役割を果たすこと，また周りの人も班の活動がスムーズにできるように協力することが大事です。また発表では，キーワードを落とさず話を要約する力が必要です。

43 ジグソー学習

●対象学年▶5年　　●実施時期▶9月〜

つけたい力	要約力
活用したい「聞き方」	キーワード
活用したい「話し方」	要約

トレーニングのねらいとポイント

　協同学習の代表的な技法として知られているのがジグソー学習法です。個人思考だけでは課題を十分に理解できていないこともあります。また，理解できたとしてもうまく説明ができないこともあります。そこで，他のグループの同じ課題を担当している仲間と専門家グループをつくり，そこで担当課題の理解と，説明する方法を教え合います。こうして分担した課題について専門家となった各メンバーが元のグループに戻り，教え合います。ジグソー学習法では，自分がしっかりと学んでこないと他のメンバーに教えることができないので，とても責任が大きく，協同の精神を育むために有効です。

トレーニングの手順

　6の場面の問題をグループで考えよう

❶グループで(1)〜(13)の問題について話し合ってノートに書く

(1)兵十は分からないのにごんをうつのはひどいのではないか。
(2)なぜごんが入ってきたと分かったのか。

「ごんぎつね」6の場面は子供たちの関心が高く，初発の感想でもたくさんの課題が出されます。そこで，13の問題について班で考えてノートにまとめ，そのうち主な問題4つについて，ジグソー学習

(3)兵十もごんをうったのを反省しているのではないか。

(4)最後は兵十はごんのつぐないに気付いたのか。

(5)なぜ兵十はごんをうったのか。

(6)兵十はくりが置いてあるのを確認すればごんをうたなくてすんだのではないか。

(7)兵十はごんがくりなどをもってきたと早く気付かなかったのか。

(8)兵十の気持ちを考えると，ごんをうつのもしかたないのか。

(9)ごんはつぐないをしたのにうたれてしまったのはかわいそうではないか。

(10)ごんはうなぎとかとったからうたれたのも兵十が悪いと言い切れないのではないか。

(11)最後にもっていったのがごんと分かってもらえてうれしかったのではないか。

(12)「青いけむりが…出ていました」は何のためにあるのか。

(13)ごんが死んだ後はどうなったのか。

❷(1)(4)(8)(12)の４問について，担当を分担する

❸ジグソーグループに分かれて，それぞれの課題について話し合う

　ホームグループで出された意見を交換し，よい考えをメモしていきます。また，どのようにホームグループに伝えるかもみんなで考えます。

❹ホームグループに戻って，話し合ってきて分かったことを発表する

❺４つの課題について，教師が中心になって大まかな意見をまとめる

を使って考えを深めていきました。

◀ 話し合いが厳しい子供には特に個別について，内容をまとめたり次の活動を支援したりします。

◀ 大まかにまとめる中で疑問が残った課題については，次時に全体で話し合っていきます。

評価のポイント

　担当した課題について責任をもって意見を持ち帰ることができたか，それをホームグループに分かりやすく伝えることができたかがポイントです。

44 子ども熟議

●対象学年▶5年　　●実施時期▶6月～

つけたい力	文脈力
活用したい「聞き方」	傾聴
活用したい「話し方」	応答関係の活用

トレーニングのねらいとポイント

　「子ども熟議」とは，子供たちがよりよい生活を築くための話し合い活動です。学級や学校生活の中で直面する身近な問題について，少人数での話し合いを重ね，その問題解決への行動を通して，社会に参画する態度や自治的な態度を育てることを目指しています。詳しくは菊池省三（2011）をご参照ください。この「子ども熟議」を体験することで，豊かなコミュニケーションを身につけた子供，他者と協同してよりよい生活や人間関係を築こうとする子供，自分の生き方を振り返り，自分のよさを発揮しようとする子供が育ってきます。

トレーニングの手順

❶身近な問題から議題を設定する

> １学期がんばったね会で何をするか話し合おう

❷話し合うための計画を立てる

　話し合いの目的やゴールを確認します。また，子ども熟議のやり方を示します。話し合いのグランドルールも話し合って決めます。

> 学級の諸問題を引き出すには，議題箱は欠かせません。ぜひ設置したいものです。

（例）・みんなで参加者になろう

　　　・「いいね，いいね」で盛り上げよう　等

❸話し合いの役割を決める

　ファシリテーター役，記録役，最後の発表役などを話し合って決めます。

❹自分の考えを付箋に書く

❺意見を述べ合い，考えを深める

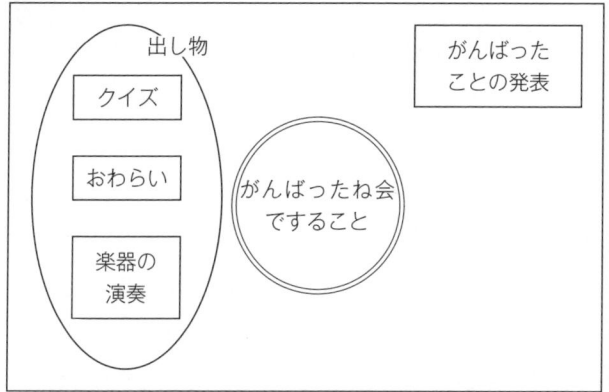

　グループの中心に模造紙を置き，真ん中に議題を書きます。順番に付箋を出しながら意見を発表します。似た意見は，その都度出していきます。話し合いながら，類似意見の仲間分けを行い，丸で囲んで見出しをつけます。

❻全体を見ながら，結論をまとめて模造紙に書く

❼2分間程度で，紙を見せながら話し合ったことを全体に発表させる

◀ グランドルールは紙に書いて貼っておき，常に意識できるようにします。

◀ 話し合いの前に，アイスブレーキングをするのも有効です。

◀ 意見をなかなか書けない子供には，友達と相談するように促します。

◀ 1つの付箋に1つの意見を書くようにします。ブレーンストーミングのように，たくさん出すことを目指させます。

◀ 付箋を貼っていく他に，出された意見なども紙に書き込んでいきます。

◀ 意見の広がりは，マッピングのように矢印などで示すようにしていきます。

評価のポイント

　みんなで意見を出し，話し合って，自分たちで決めたという意識が高まるようにします。実践につなぎ，話し合いの意味が感じられるようにします。

45 「第2反駁型」学級ディベート

●対象学年▶6年　　●実施時期▶6月〜

つけたい力	文脈力
活用したい「聞き方」	情報整理
活用したい「話し方」	応答関係の活用

トレーニングのねらいとポイント

　中学年の反駁型ディベートでは最後に反駁を行いますが，次第に反論に対する反論がしたい子供も増えてきます。そこで，6年生になったら「第2反駁型」のディベートに挑戦してみるとどうでしょうか。第1反駁は主に相手の立論に対しての反論ですが，第2反駁は反論に対する再反論です。

	立論	質疑・応答	第1反駁	第2反駁
肯定グループ	①	②	⑥	⑧
否定グループ	③	④	⑤	⑦

　表の①〜⑧は各1分間で行います。①と②，③と④，⑥と⑦の間に1分間の作戦タイムが入ります。第2反駁では，次のことに気を付けて話をしていきます。

・立論から質疑・応答，反駁の中で，どんな議論が行われたかを審判に対してまとめる。
・自分たちの有利な点や相手の弱点を具体的に示して審判に確認させる。
・相手の反論を意識しながら，立論の内容をより深める。
・新しい主張を持ち出すと，相手が反論する場がないため減点となる。
・立論の単純な繰り返しにならないようにする。

トレーニングの手順

❶論題について共通理解をする

> **【論題】** 宿題はやめるべきである

❷自分のグループの立場を決める

じゃんけんで肯定側になるか否定側になるかを決めます。

❸論題に対してのメリット，デメリットをグループで考える

❹グループで考えたことを生かして，データを集めたり理由づけを考えたりする

相手の立論を予想し，質問や反論を考えることも行います。時間を2時間くらいとり，ディベートは別の日に行います。

❺肯定，否定の立場に分かれてディベートを行う

参加していない子供は審判を行います。

❻判定を行う

判定では，内容と表現を見ていきます。勝ち負けを決めた理由がきちんと説明ができるようにします。

❼教師がコメントを行う

❽学級ディベートの振り返りを行う

◀ ディベートの論題は主に，「事実論題」「価値論題」「政策論題」の3つがありますが，子供の実態に応じて選んでいきます。

◀ 集めた情報については，本当に正しいものか，確かめておく必要があります。

◀ 学習シートに質問や反論を考えて書いておく欄を作っておきます。

◀ ディベートの際は，話し合いの内容が分かるようにフローチャートに記録させます。

◀ 教師のコメントは，内容のよさもですが，学級ディベートとしての本時の価値を伝えたいところです。

評価のポイント

スピーチの内容のよさを判断します。例えば，内容が整序されていて主張に加えて具体的な理由や例示があるなど，説得力のあるスピーチだったかです。また表現では，スピーチのパフォーマンスを判断します。例えば，目線や声量，話し方の工夫，分かりやすさなどを評価していきます。

あとがき

- -

　本書を最後まで読んでいただきまして，ありがとうございました。

　前回の単著『子どもがどんどん書きたくなる！作文テクニック＆アイデア集』（2019，明治図書）では，書くことを通して「言葉」で考え，「言葉」で学び合い，「言葉」で友達とつながり，「言葉」で成長し合う学級づくりについて書かせていただきました。

　今回も，「言葉の力」を育てることは共通しています。しかし，今回はさらに，非言語力，即興力，質問力などがポイントになります。相手の反応が直接伝わってきますから，それに即時に対応していかなければなりません。目の前の相手とのかかわりを深めるための仕掛けも考えていかなければなりません。書くことに比べてコミュニケーション力は，学級づくりやクラスの人間関係に直接かかわってくるので，それが難しいところであり，楽しいところでもあります。

　また，作文は文字として残っていますが，音声は残らないという違いもあります。指導をする際には，適切な評価を行うことで学習意欲の高まりや技能の質の高まりが期待できます。あいまいな規準ではなく，明確な評価規準をもって指導していく必要があります。本書には評価のポイントも記しましたので，参考にしていただきながら，クラスの実態に応じて考えてください。

　現在，カリキュラム・マネジメントの重要性が叫ばれています。コミュニケーションの指導は，どこかの教科の枠にはじめから入っているのではなく，様々な関連のある教科や学級活動，総合的な学習の時間などと連携して時間を生み出して自分で入れていかなければなりません。だからこそ，カリキュラムの工夫を計画的に進めていかなければなりません。教科等の指導内容を精選し，必要なコミュニケーションの指導を入れてつなげて実践をしていきます。コミュニケーションの指導を入れることで，かえって指導の効果が上がるということもあります。コミュニケーション力の習得→活用の意識をも

って，内容の関連を考えてカリキュラムを作っていくとよいでしょう。

　コミュニケーションの指導をクラス全体で行っていくことも大事ですが，忘れてはいけないのが個人へのフォローです。学級でのコミュニケーションで厳しい思いをしている子供もいます。そういった子供に，声をかけたり支援をしたりする機会を作っていきます。私の場合は「成長ノート」で書いて伝えることや直接話すことを行います。その子に応じてアプローチの仕方を考えること，全体の指導の中で個を意識することを忘れないようにします。

　コミュニケーションについての話のところで書きましたが，自己肯定力と語彙力を意識してつけていくようにします。自分を考えてもそうですが，自分にある程度の自信がないと，新たなものに挑戦していこうという意欲は湧きません。人とのコミュニケーションにも消極的になってしまいます。また，語彙力については，語彙力を鍛えると表現する力が高くなります。自分の伝えたいものを正しく伝えるためには，語彙が豊富な方が便利です。

　令和２年の９月に，文部科学省から「ＧＩＧＡスクール構想の実現について」という文書が出されました。１人１台端末環境になれば，授業が変わります。この本にもＩＣＴを活用した実践も載せています。思考ツールの活用も増えるでしょう。新たなコミュニケーションの可能性が広がります。今後どのような活用の方法が出てくるかはまだ分かりませんが，コミュニケーションの指導に上手く活かしていきたいと思います。

　時代は大きく変化してきています。これからも学んでいかなければならないことがたくさんあります。私自身も子供に負けないように，常に学び続ける姿勢を持ち続けていきたいと思います。

　最後に，前著に続き今回も本の構成の的確なアドバイスや，私のつたない文章のご指摘や修正など，細かく丁寧にご指導いただいた編集の大江文武さんに深く感謝いたします。

2021年１月

　　　　　　　　　　　　　　　　　　　　　　　橋本　慎也

引用・参考文献

栗津恭一郎（2016）『「良い質問」をする技術』ダイヤモンド社

上野一彦監修／岡田智・中村敏秀・森村美和子（2012）『特別支援教育をサポートする　図解よくわかるソーシャルスキルトレーニング（SST）実例集』ナツメ社

河村茂雄・品川笑子・藤村一夫編著（2007）『いま子どもたちに育てたい　学級ソーシャルスキル』（図書文化）

菊池省三監修／北九州市香月小学校平成17年度6年1組34名（2006）『小学生が作ったコミュニケーション大事典』あらき書店

菊池省三（2010）『小学校　楽しみながらコミュニケーション能力を育てるミニネタ＆コツ101』学事出版

菊池省三（2011）『話し合い活動を必ず成功させるファシリテーションのワザ』学事出版

菊池省三（2012a）『小学校発！一人ひとりが輝くほめ言葉のシャワー』日本標準

菊池省三（2012b）『菊池省三の「話し合い」指導術』小学館

菊池省三・菊池道場（2014）『コミュニケーション力あふれる「菊池学級」のつくり方』中村堂

菊池省三・菊池道場（2018）『個の確立した集団を育てる　学級ディベート』中村堂

菊池省三・池亀葉子・NPO法人グラスルーツ（2015）『「話し合い力」を育てる　コミュニケーションゲーム62』中村堂

グロービス経営大学院（2012）『グロービスMBAクリティカル・シンキング［改訂3版］』ダイヤモンド社

黒上晴夫・小島亜華里・泰山裕（2012）『シンキングツール～考えることを教えたい～（短縮版）』NPO法人学習創造フォーラム

國分康孝監修／林伸一・飯野哲朗・築瀬のり子編集／八巻寛治・國分久子（1999）『エンカウンターで学級が変わる　ショートエクササイズ集』図書文化

腰川一恵・山口麻由美監修（2017）『発達障害の子をサポートするソーシャルトレーニング実例集』池田書店

齋藤孝（2004）『コミュニケーション力』岩波新書

齋藤孝（2015）『大人のための会話の全技術』中経出版

齋藤孝（2017）『文脈力こそが知性である』角川新書

ジョージ・ジェイコブズ他／伏野久美子・木村晴美訳／関田一彦監訳『先生のための
アイディアブック　協同学習の基本原則とテクニック』日本協同学習学会，ナカニ
シヤ出版

新家竜介（2012）『やっているつもりだけどなかなかできない　伝え方のルール』明
日香出版社

杉江修治（2011）『協同学習入門　基本の理解と51の工夫』ナカニシヤ出版

杉江修治編著（2016）『協同学習がつくるアクティブ・ラーニング』明治図書

杉村隆「クリティカルシンキング（批判的思考）とは？具体例とトレーニング方法
（SoulWork）」

https://sugimuratakashi.com/giron/（2020年10月2日閲覧）

對馬義幸・研究集団ことのは編著（2002）『受信型メモ・発信型メモの技術』明治図
書

鶴田清司（2017）『授業で使える！論理的思考力・表現力を育てる三角ロジック　根
拠・理由・主張の3点セット』図書文化

樋口裕一（2007）『人の心をつかむ話し方の鉄則』草思社

橋谷能理子（2016）『伝わる力　90分で変わる！相手の信頼を勝ち取る』プレジデン
ト社

藤川とも子（2018）『マンガでわかる！すぐに使えるＮＬＰ』日本実業出版社

堀裕嗣・研究集団ことのは編著（2002a）『聞き方スキルを鍛える授業づくり』明治図
書

堀裕嗣・研究集団ことのは編著（2002b）『インタビュー・スキルを鍛える授業づく
り』明治図書

堀裕嗣（2016）『国語科授業づくり10の原理・100の言語技術　義務教育で培う国語学
力』明治図書

松橋良紀（2010）『あたりまえだけどなかなかできない　雑談のルール』明日香出版
社

松本幸夫（2007）『ビジネス・スキルズベーシック4　会話術』秀和システム

森あづみ取材協力・監修／ユンブル「元アナウンサーが教える。自然な笑顔の作り方
　と練習法（マイナビウーマン）」

https://woman.mynavi.jp/article/141231-39/（2020年10月2日閲覧）

渡部淳（2011）「教育方法としてのドラマ技法」『授業づくりネットワーク』2011年2
　月号（特集：ドラマによる学びの可能性），学事出版

「アサーショントレーニングとは？自己表現3タイプとトレーニング方法・ビジネス
　シーンにおける実践方法を解説！（人事評価制度の教科書）」日本人事経営研究室

https://jinjiseido.com/media/assertion_training（2020年10月2日閲覧）

「子どもの創造力を引き出す「ドラマ教育」（アフタースクールび場）」

https://www.biba-labo.com/course/dorama/（2020年10月2日閲覧）

【著者紹介】

橋本　慎也（はしもと　しんや）

1961年，熊本県生まれ。熊本市立託麻原小学校勤務。国語の実践を中心に，生活・総合的な学習の実践，学級づくりの実践を進めている。

［単著］

『子どもがどんどん書きたくなる！作文テクニック＆アイデア集』（明治図書，2019）

［共著］

『文学教材の授業改善事例集』（1996）

『入門期の説明的文章の授業改革』（2008）

『国語科における対話型学びの授業をつくる』（2012）

『菊池省三　365日のコミュニケーション指導　対話と絆をつくる最高の教室』（以上明治図書，2020）

『小学校発！一人ひとりが輝くほめ言葉のシャワー』（2012）

『小学校発！一人ひとりが輝くほめ言葉のシャワー②』（2013）

『現場発！失敗しないいじめ対応の基礎・基本』（以上日本標準，2017）

『1年間を見通した白熱する教室のつくり方』（2016）

『個の確立した集団を育てる　学級ディベート』（以上中村堂，2018）　等

対話力がグングン高まる！
コミュニケーション・トレーニング

2021年2月初版第1刷刊	©著　者	橋　　本　　慎　　也
2022年1月初版第2刷刊	発行者	藤　　原　　光　　政
	発行所	明治図書出版株式会社

http://www.meijitosho.co.jp
（企画・校正）大江文武

〒114-0023　東京都北区滝野川7-46-1
振替00160-5-151318　電話03（5907）6702
ご注文窓口　電話03（5907）6668

＊検印省略　　　　　　組版所　中　　央　　美　　版

Printed in Japan　　　　ISBN978-4-18-302014-7

もれなくクーポンがもらえる！読者アンケートはこちらから

→